# Smile
# Sparkle & Shine

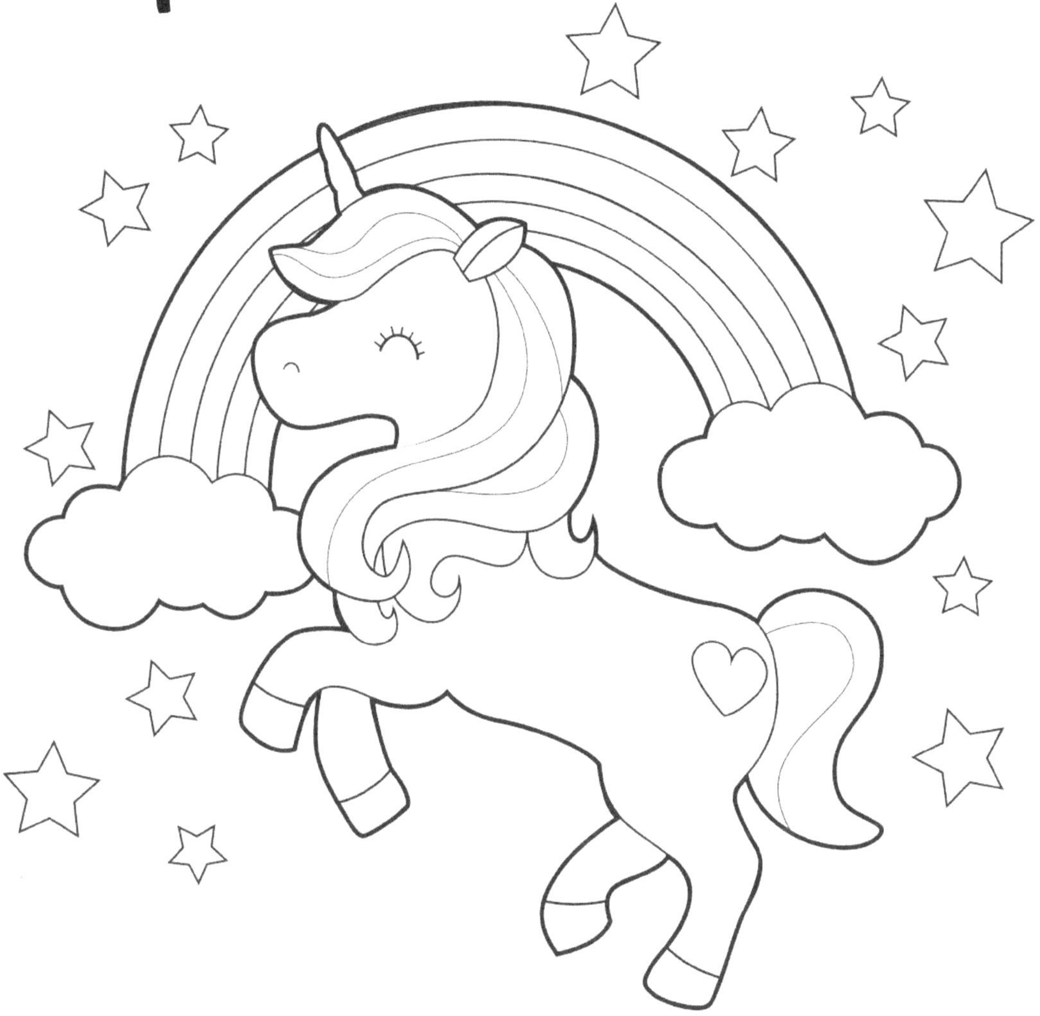

DIESES MALBUCH GEHÖRT:

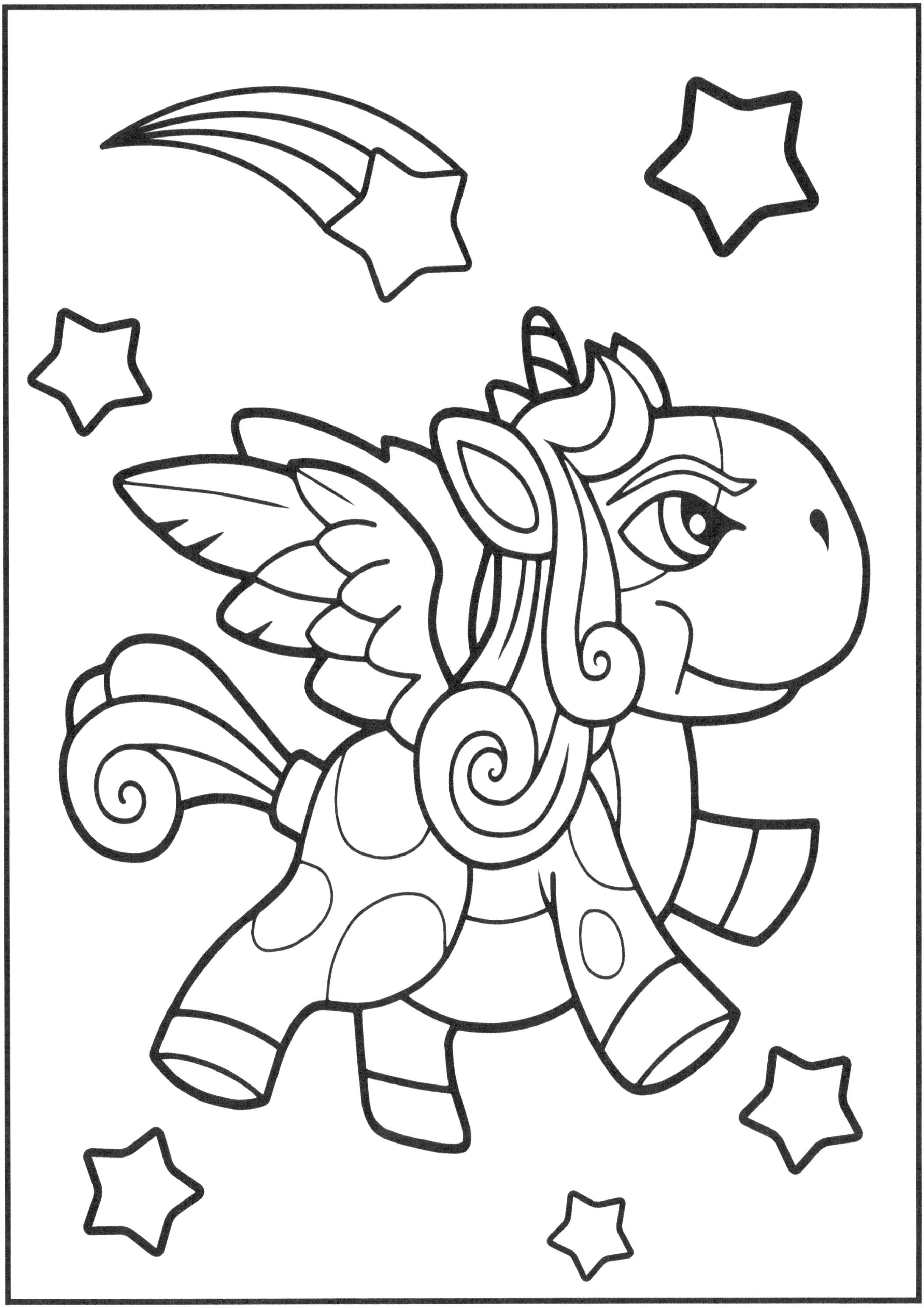

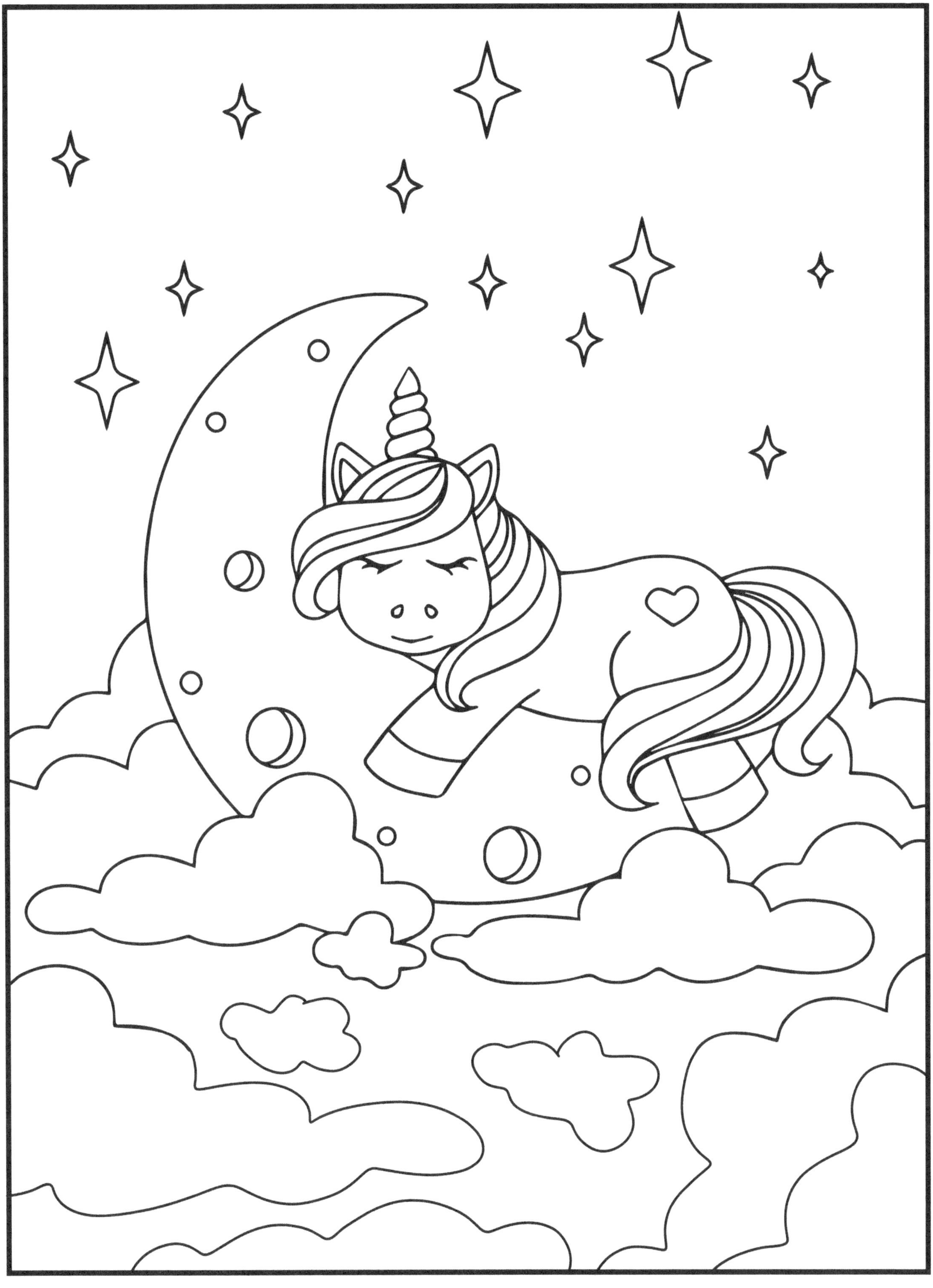

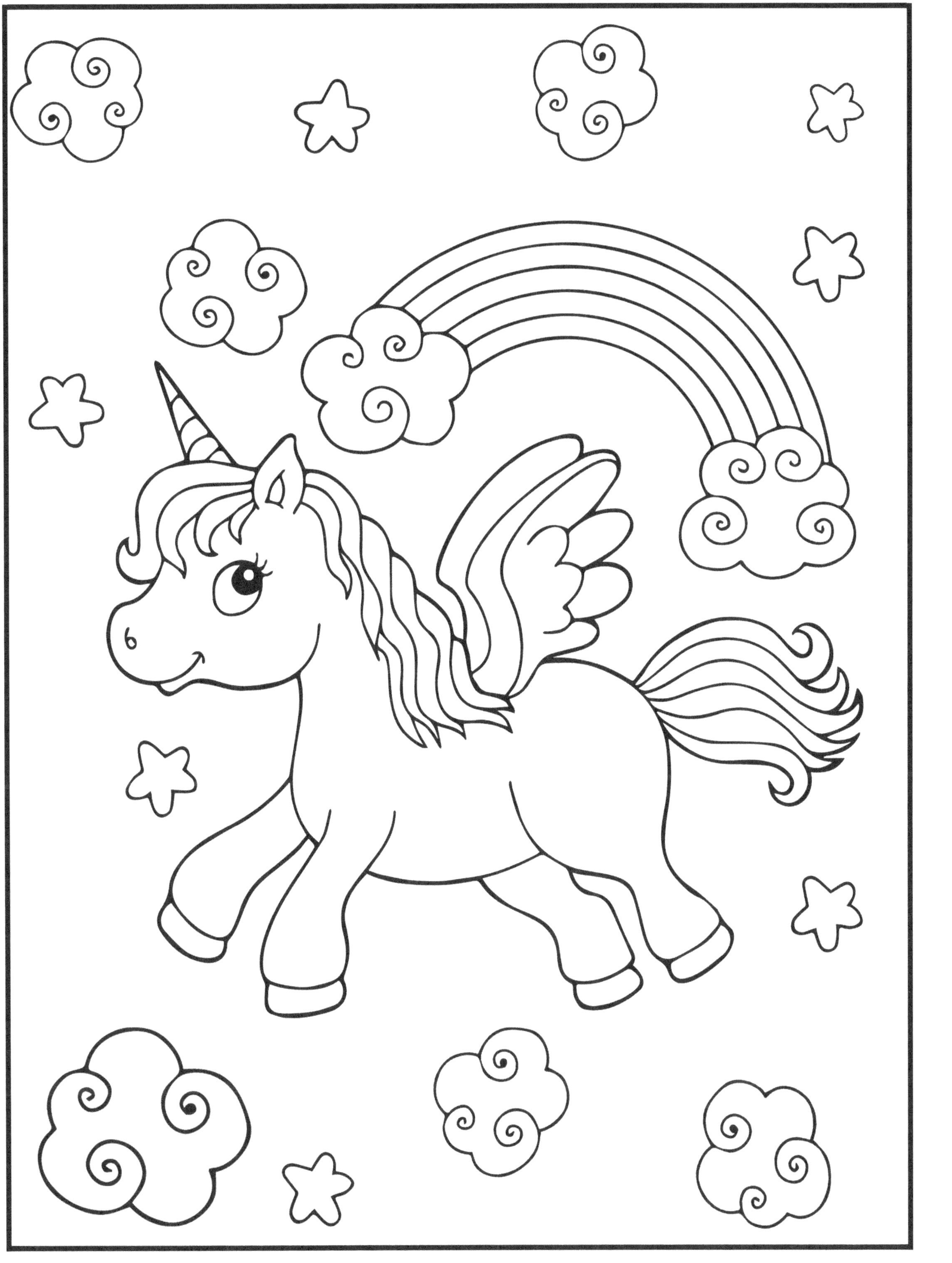

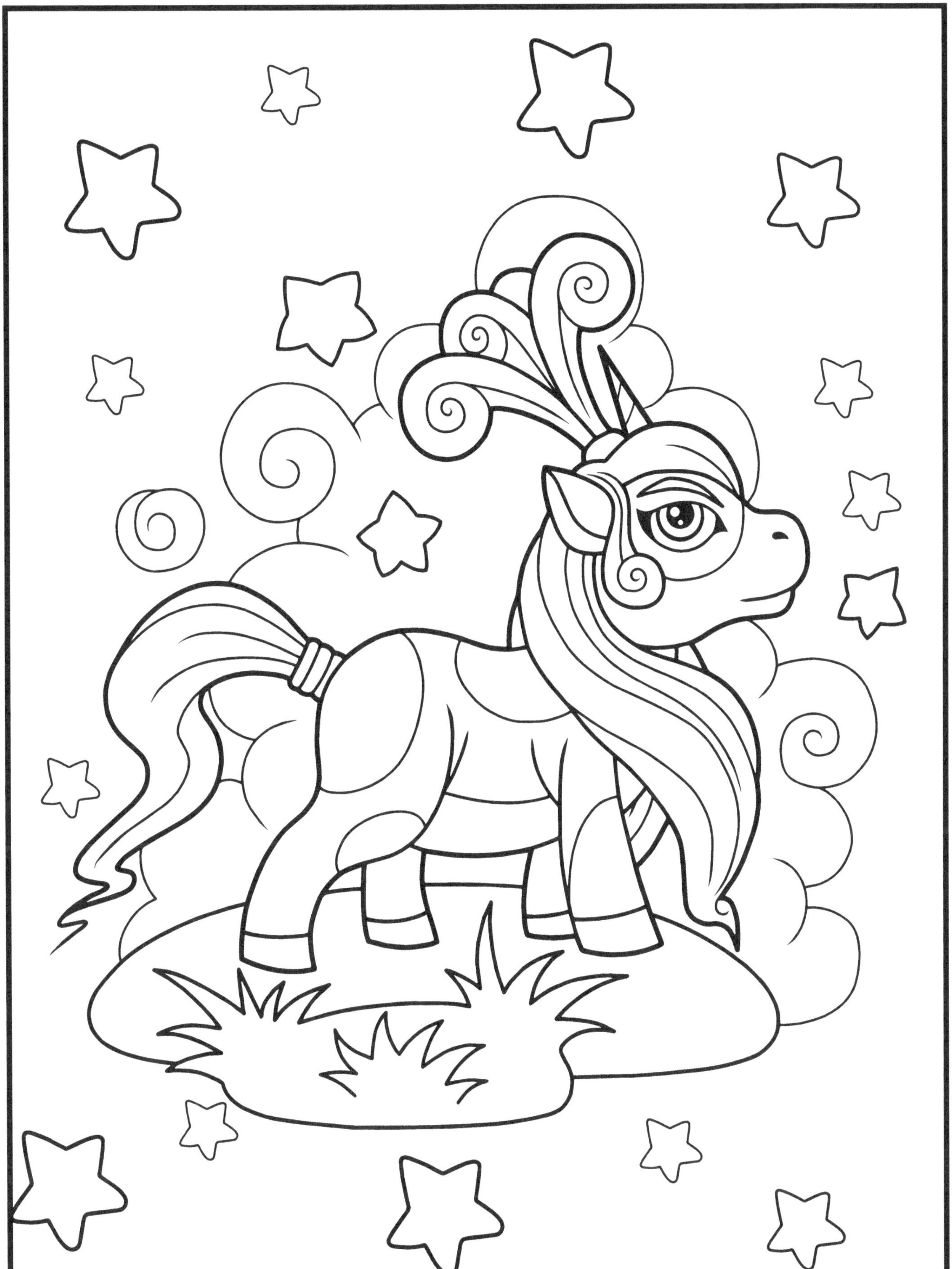

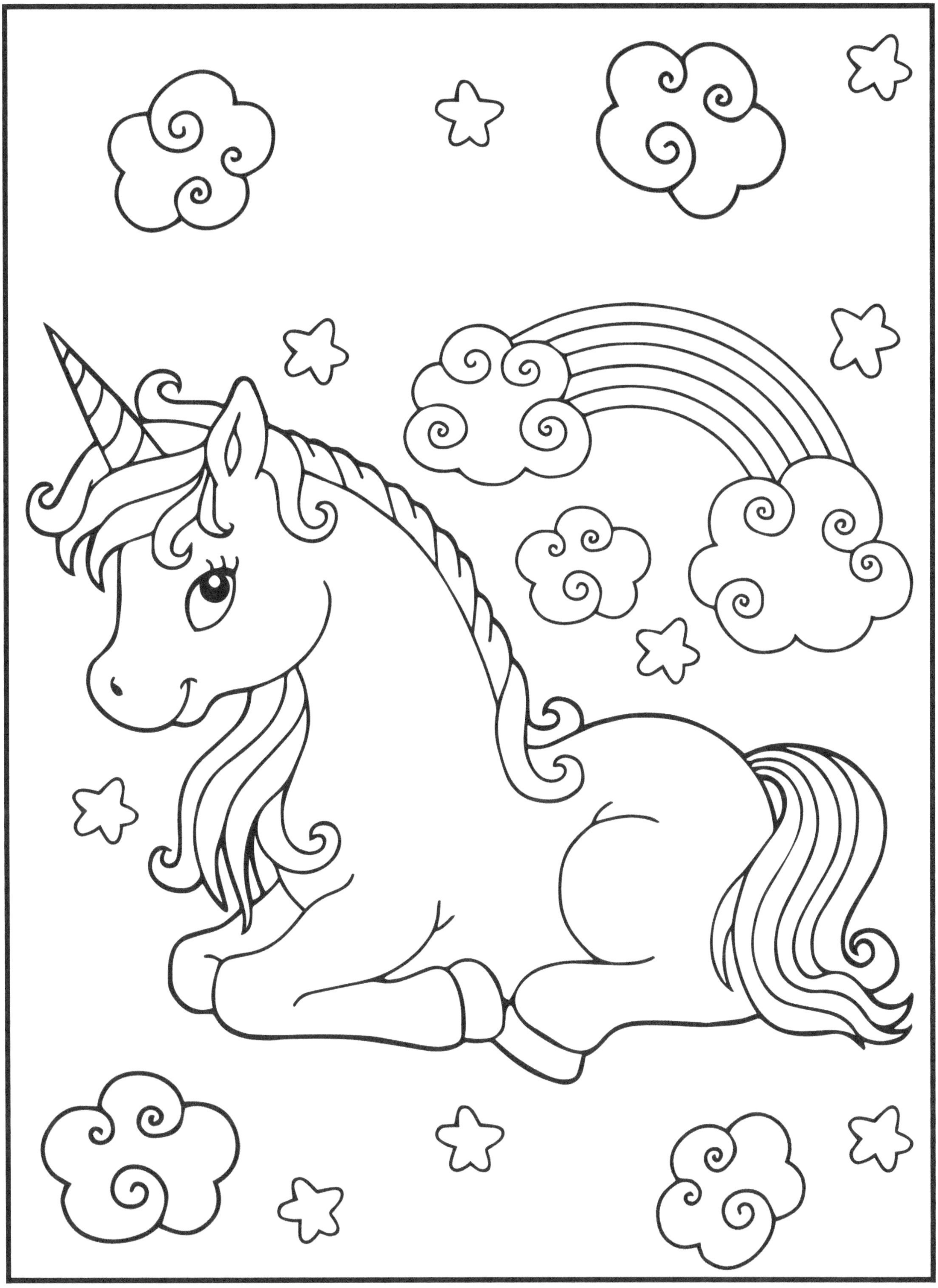

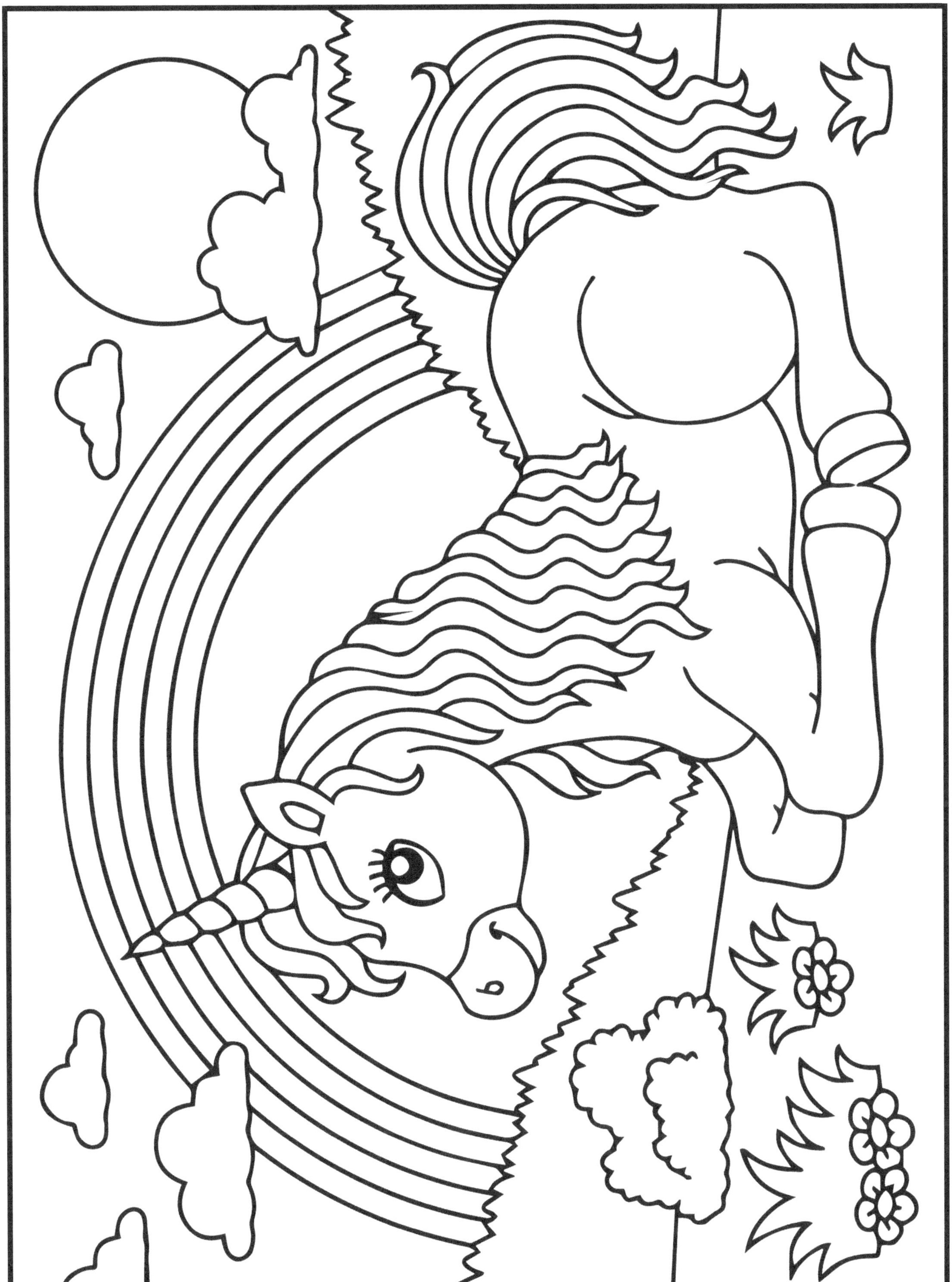

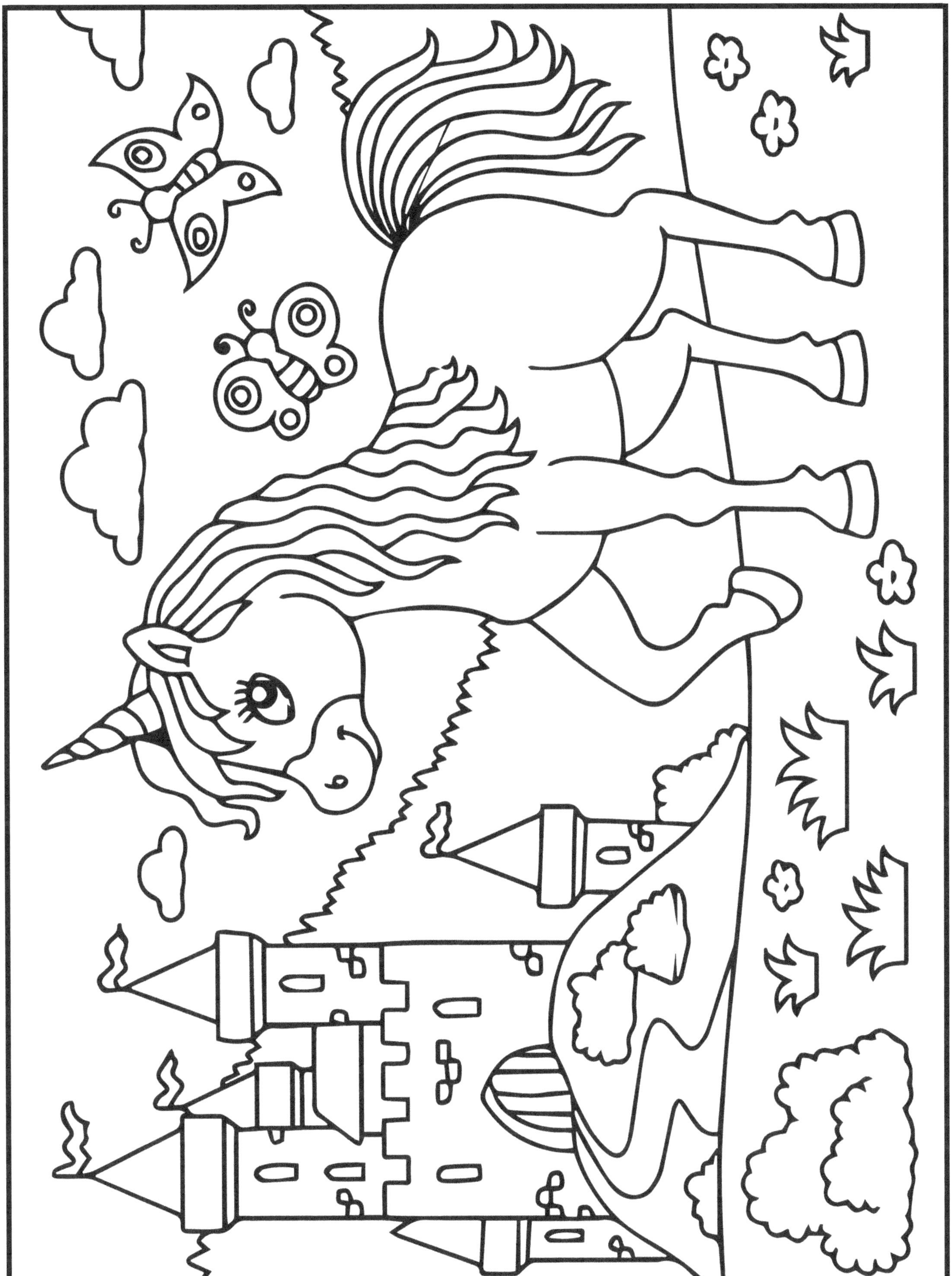

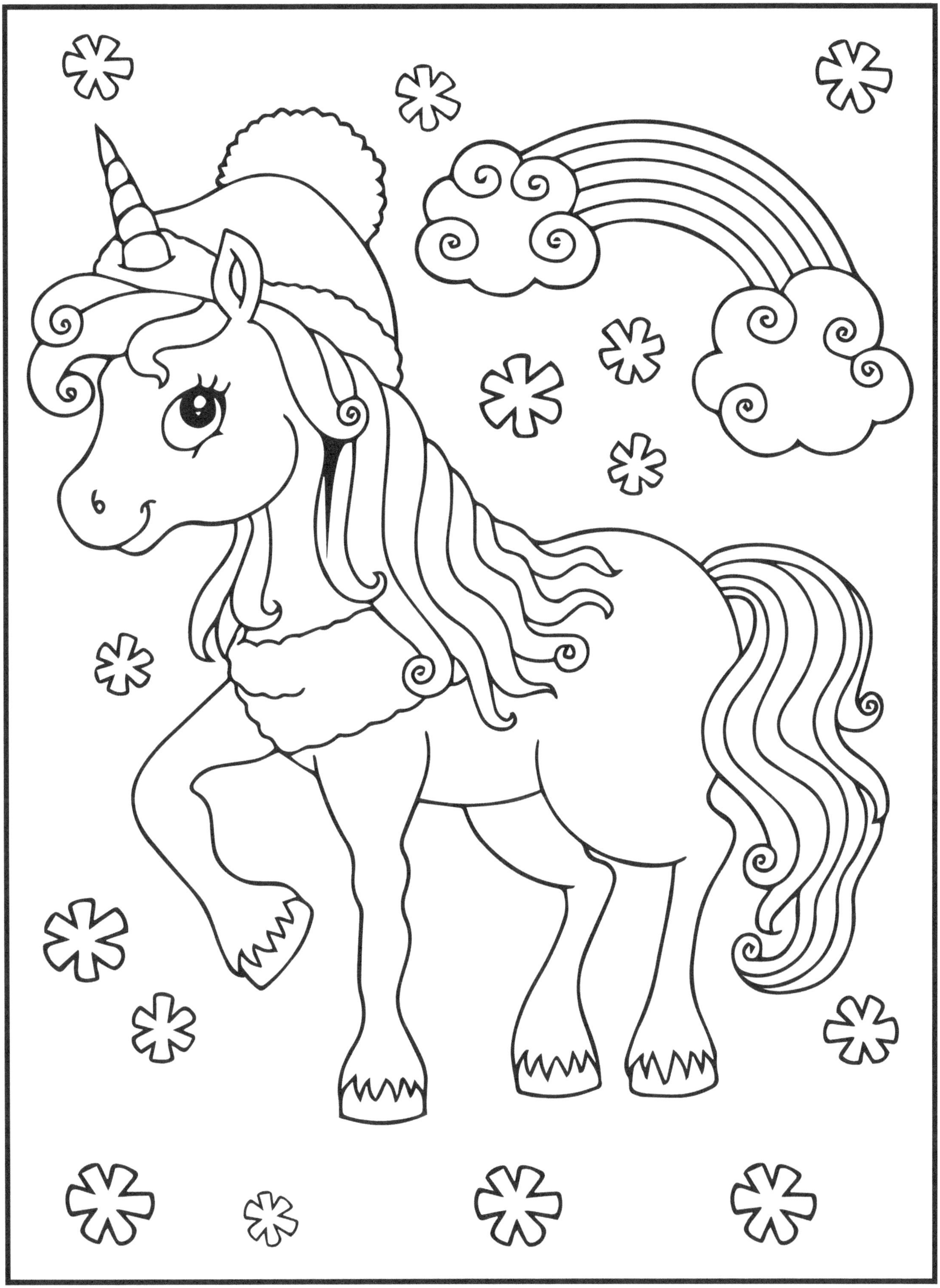

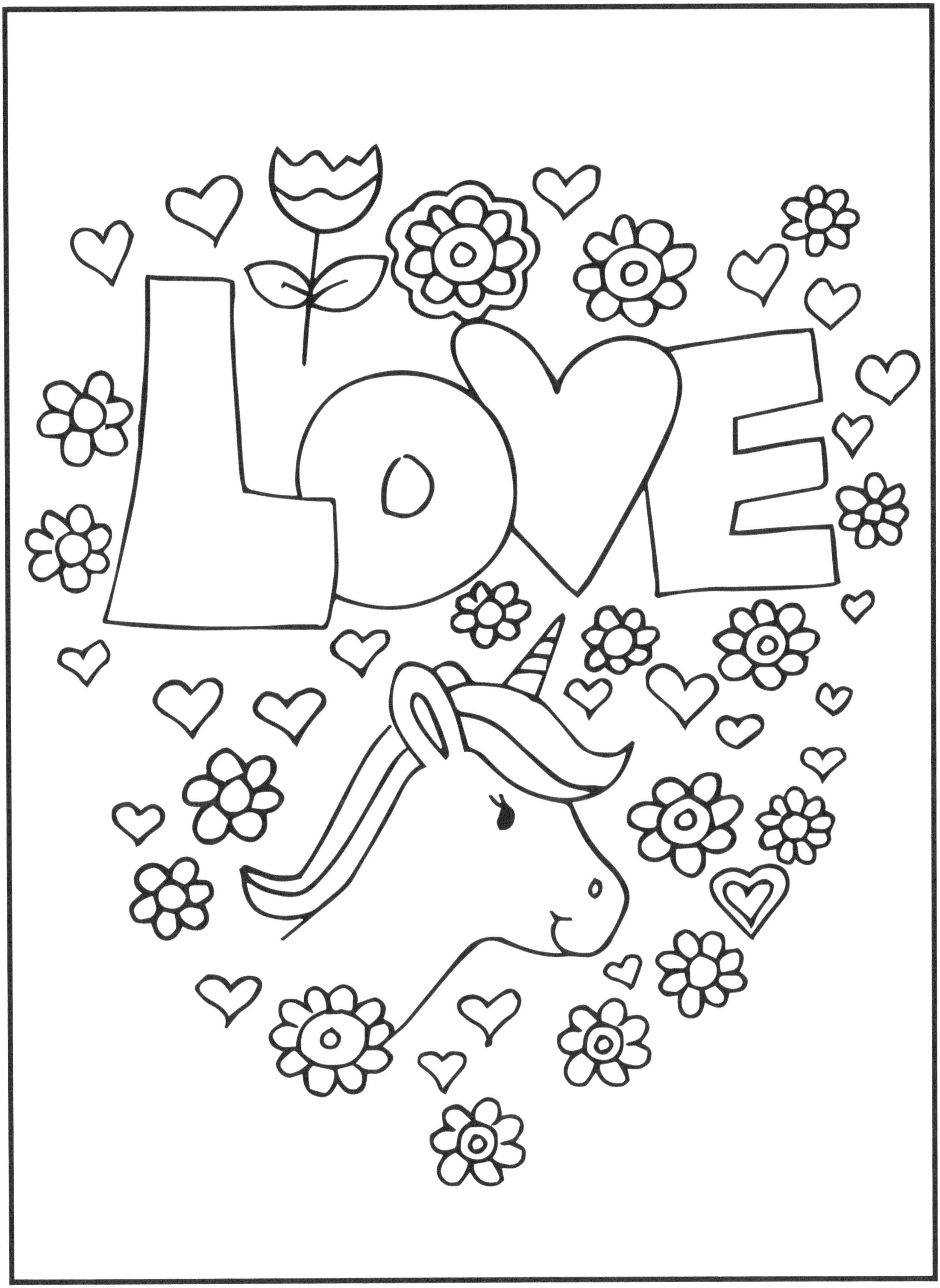
LOVE

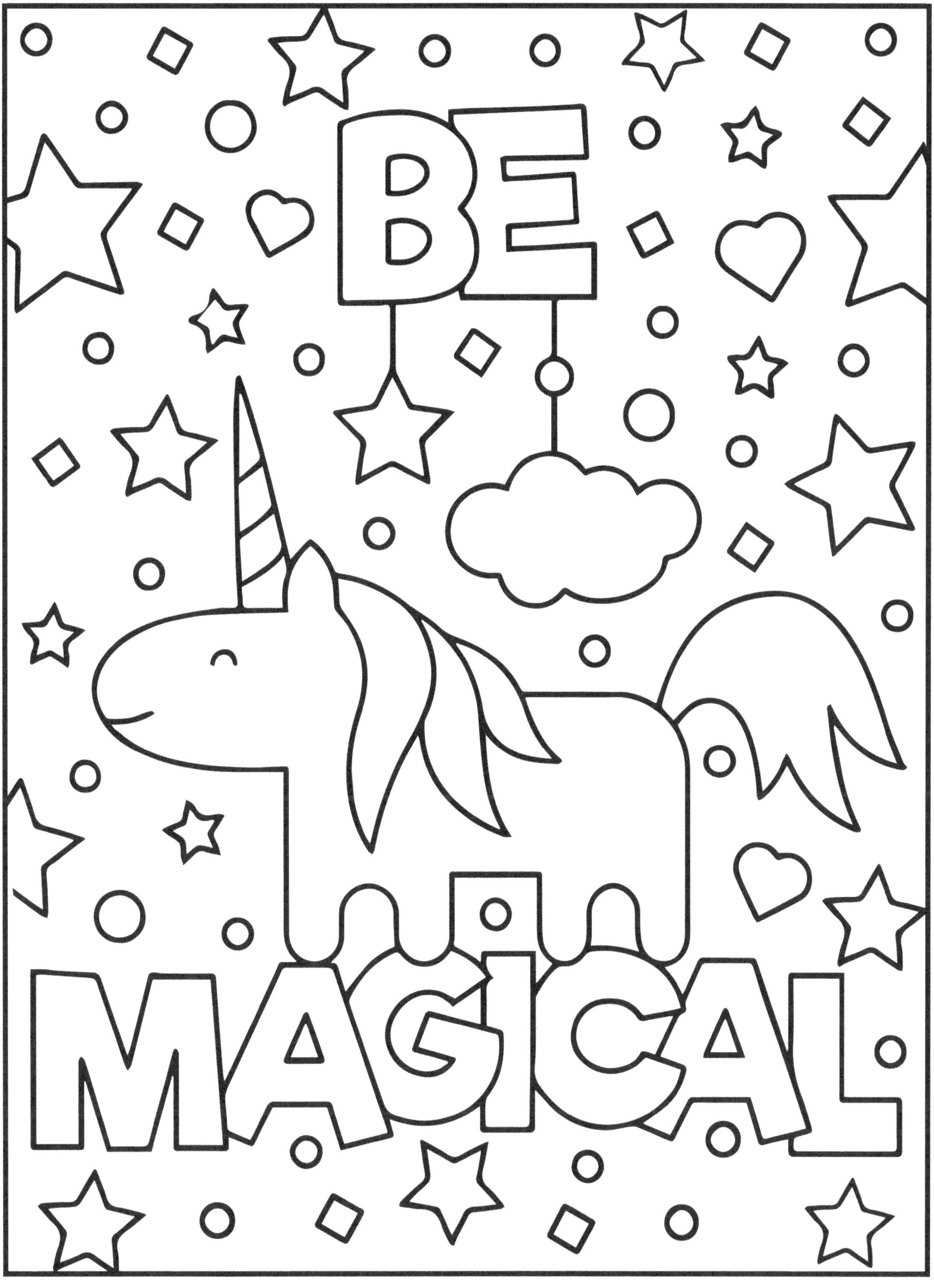
BE
MAGICAL

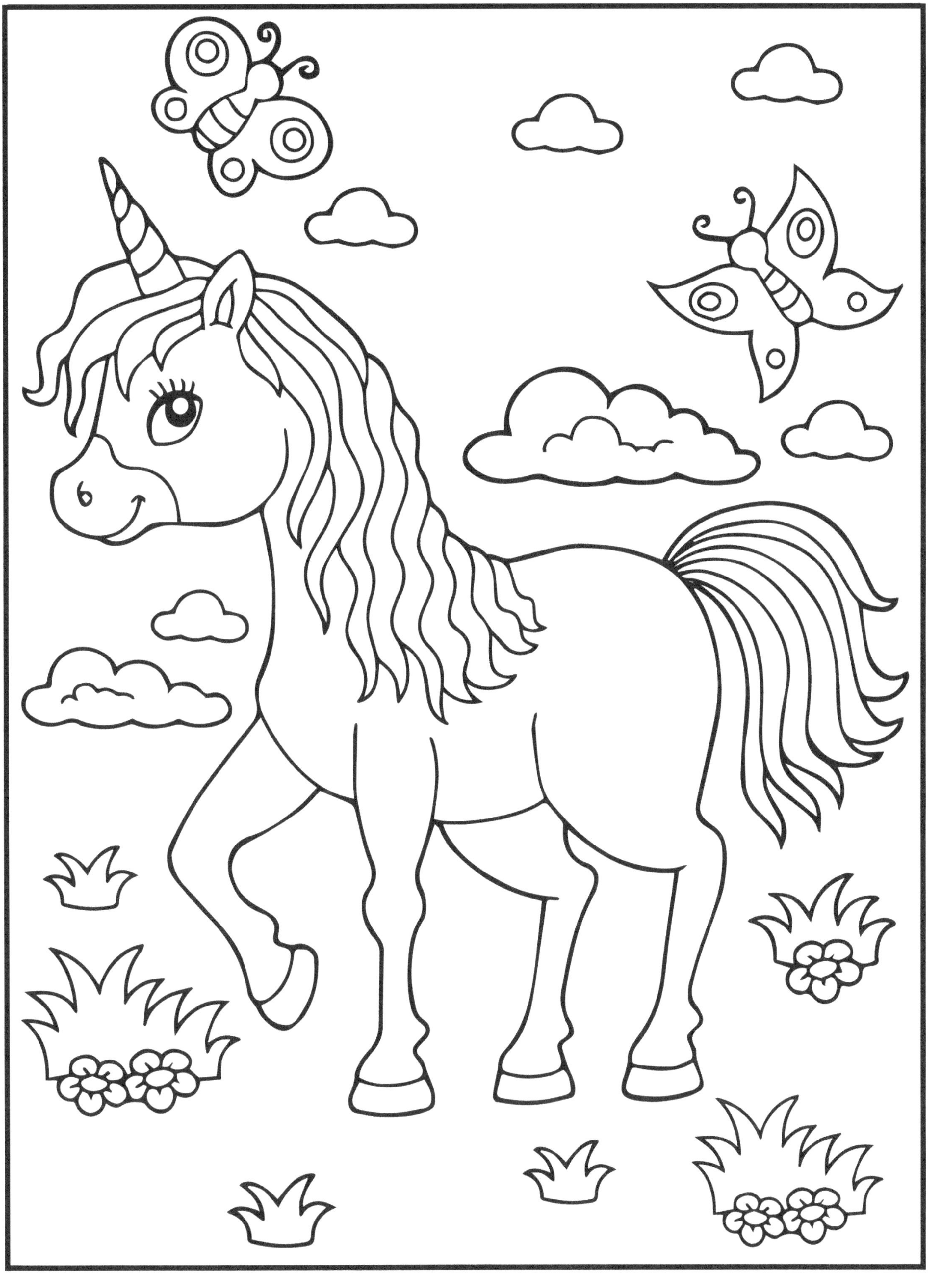

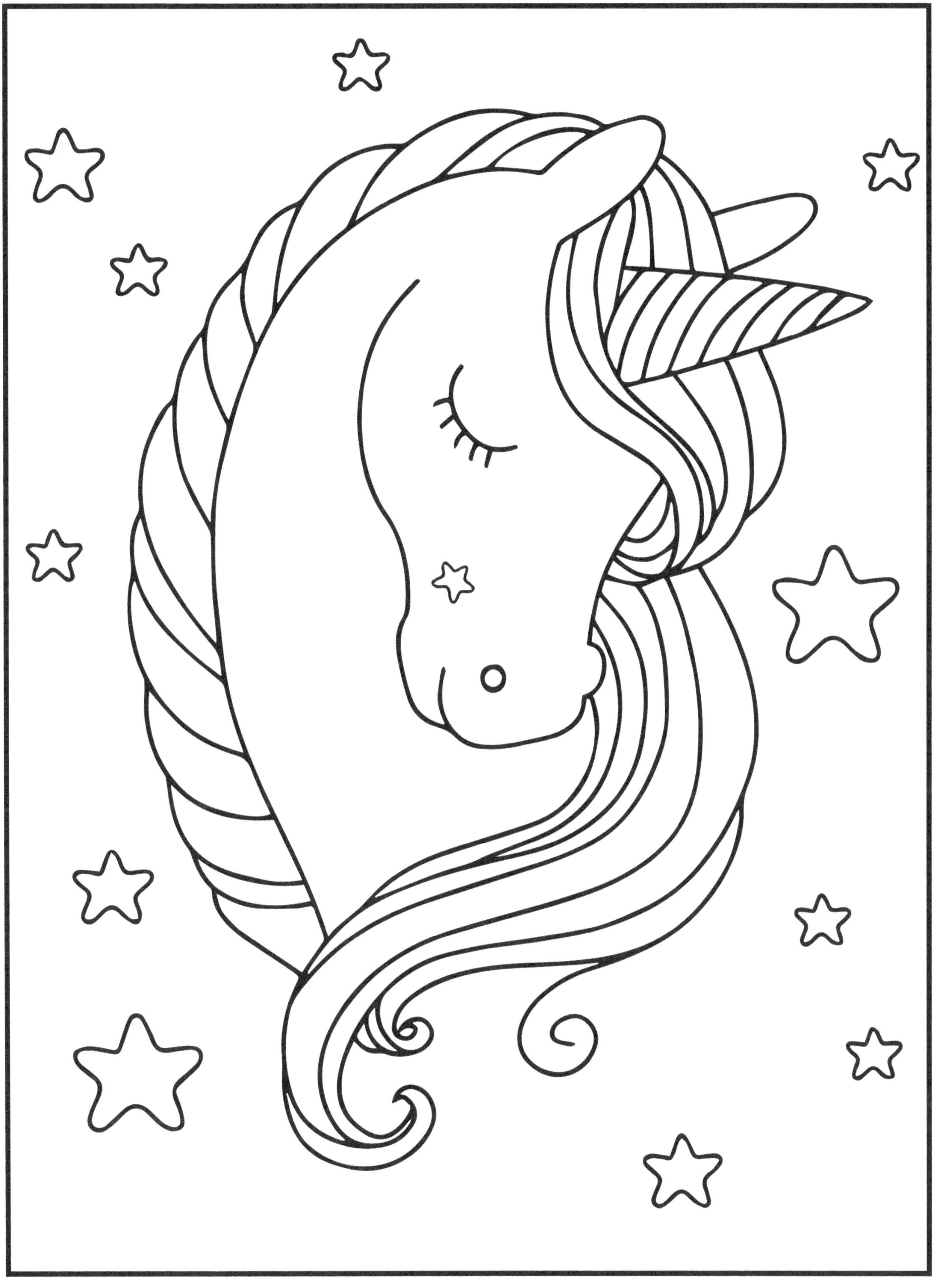

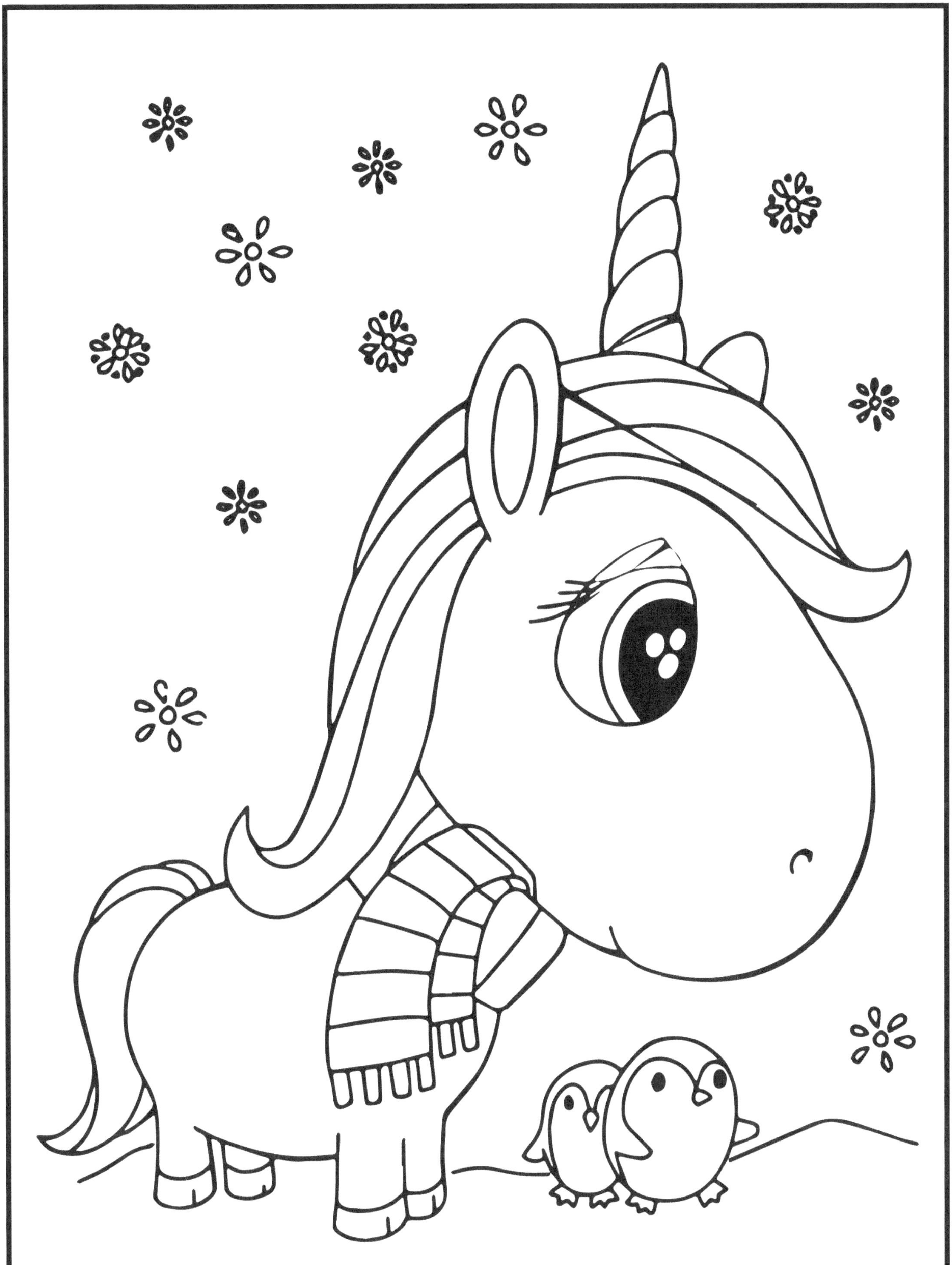

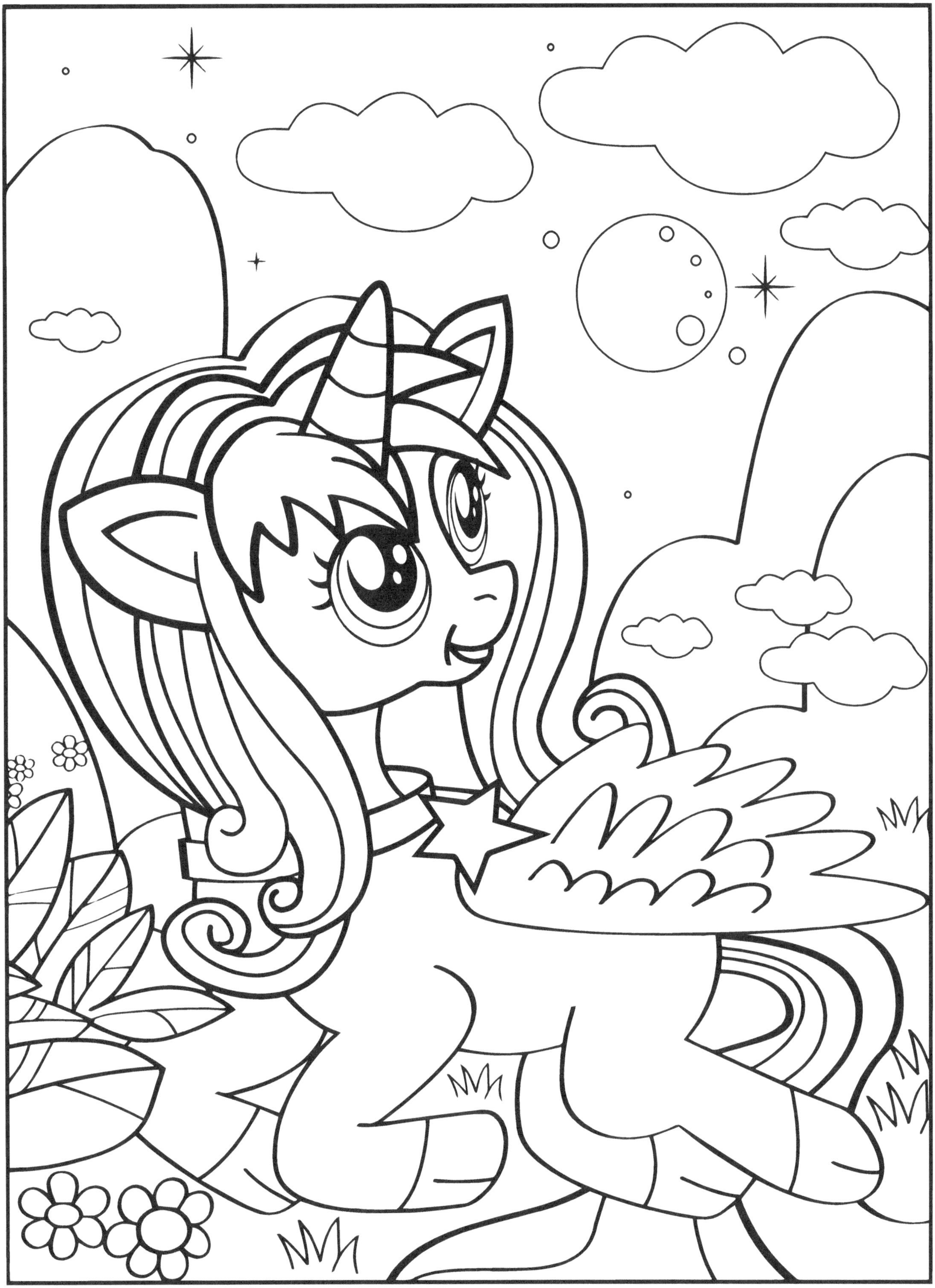

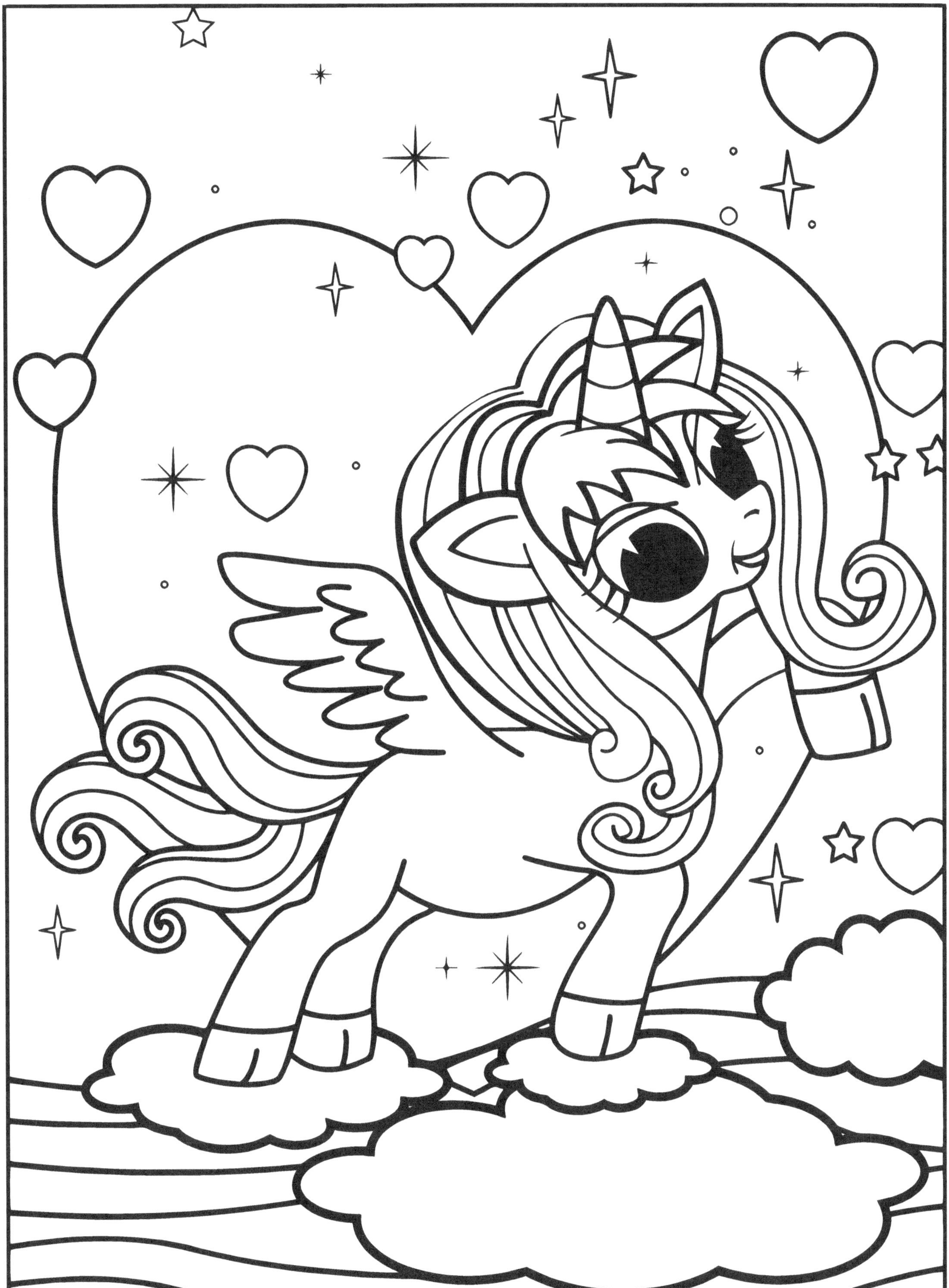

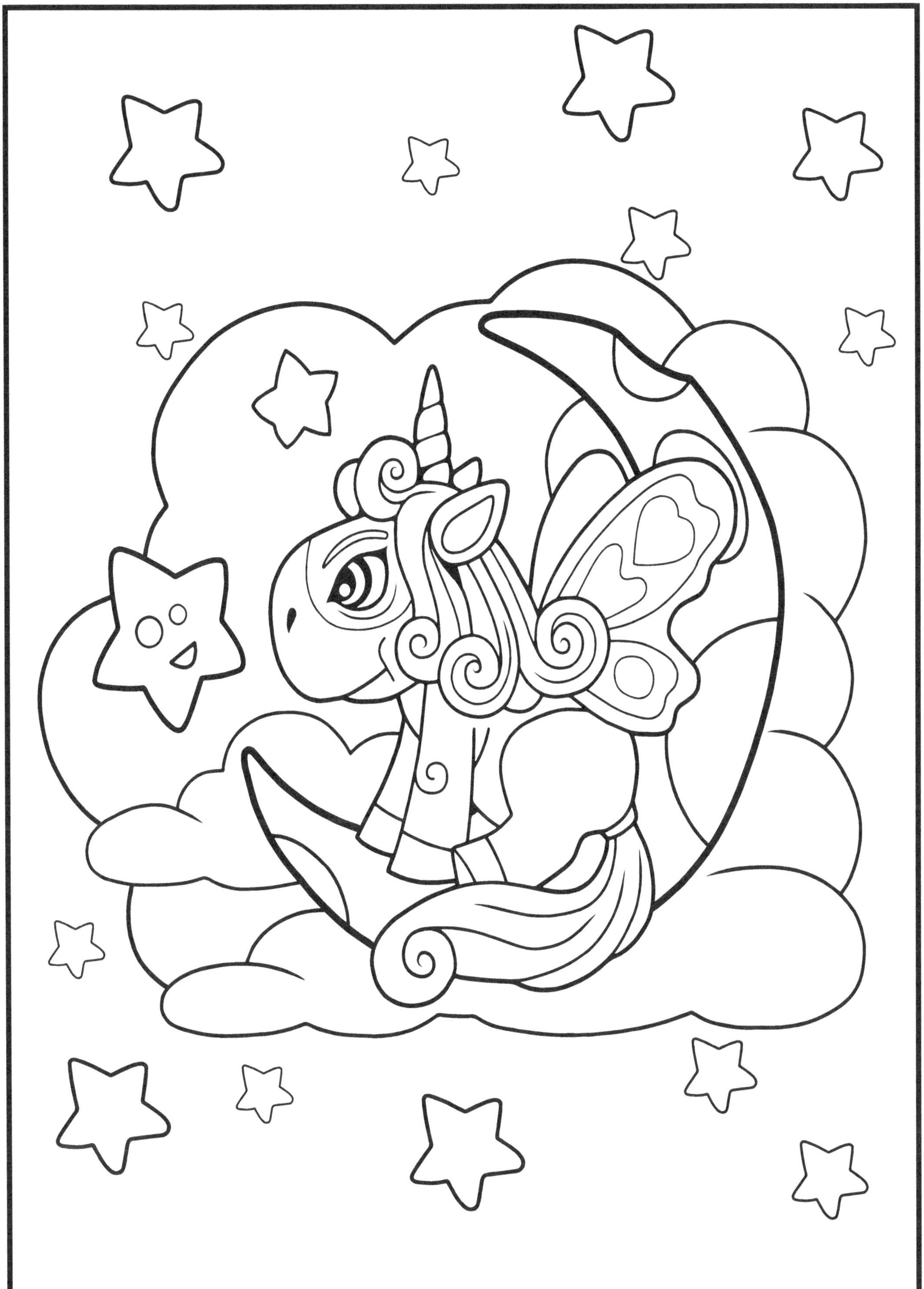

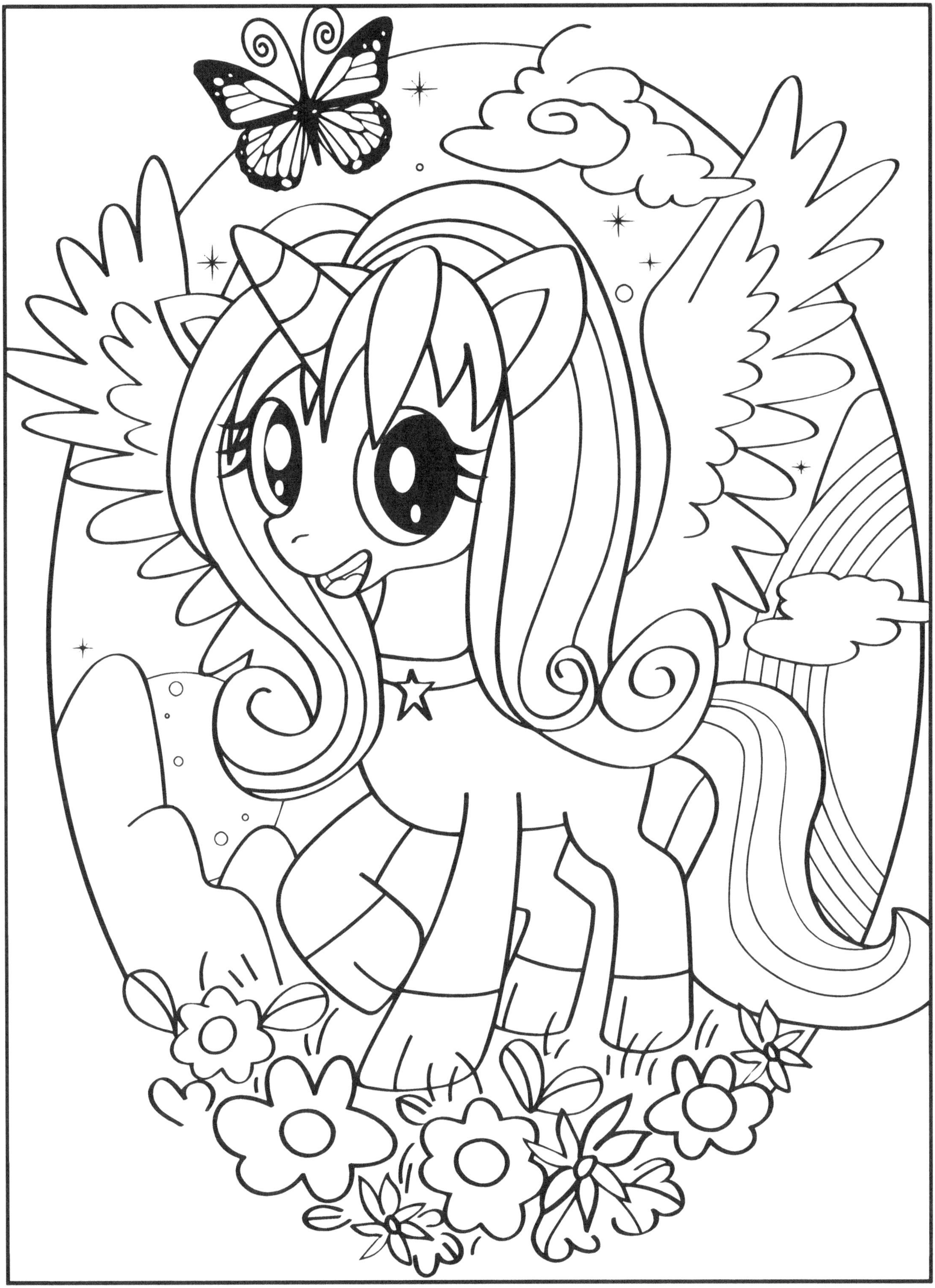

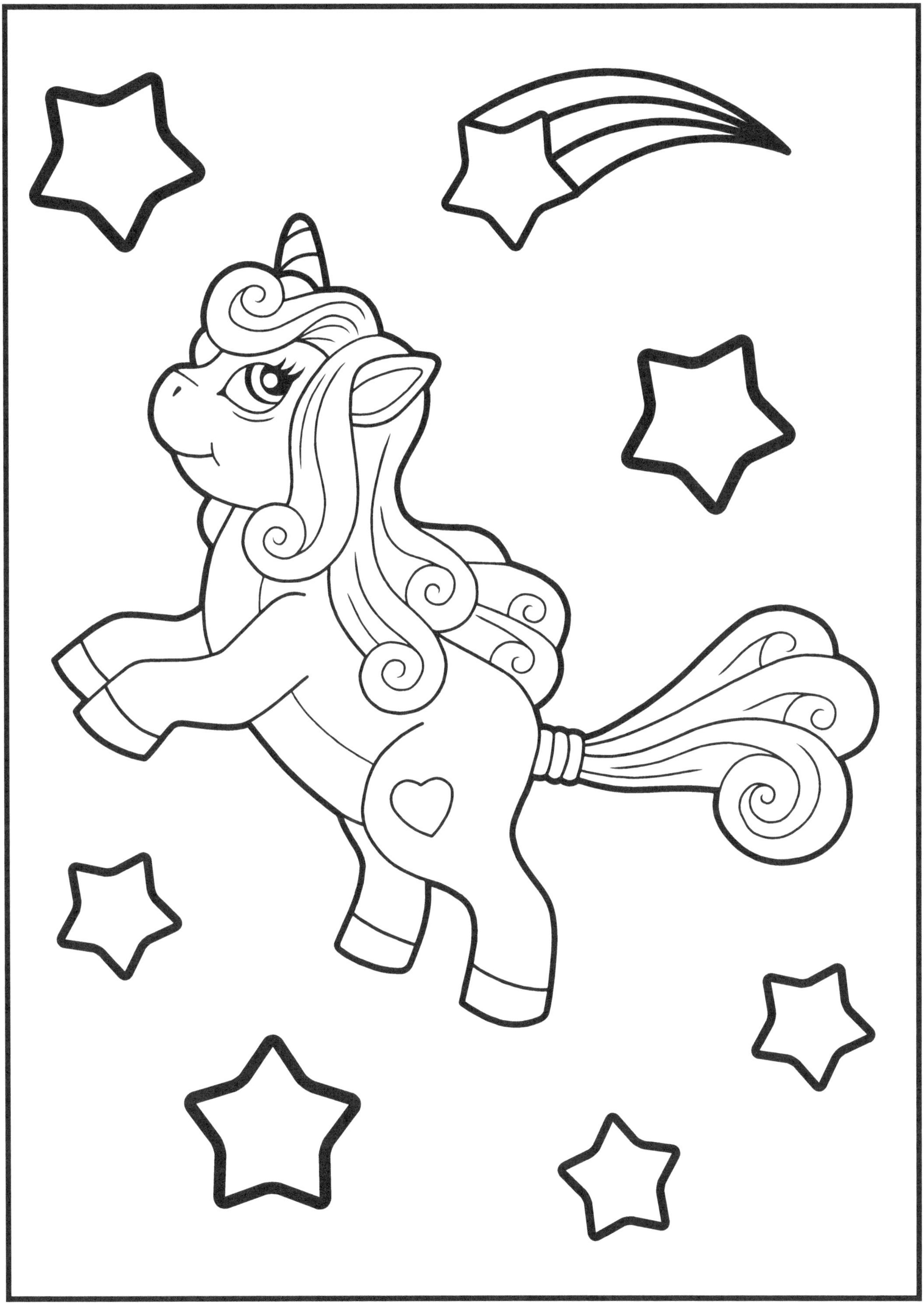

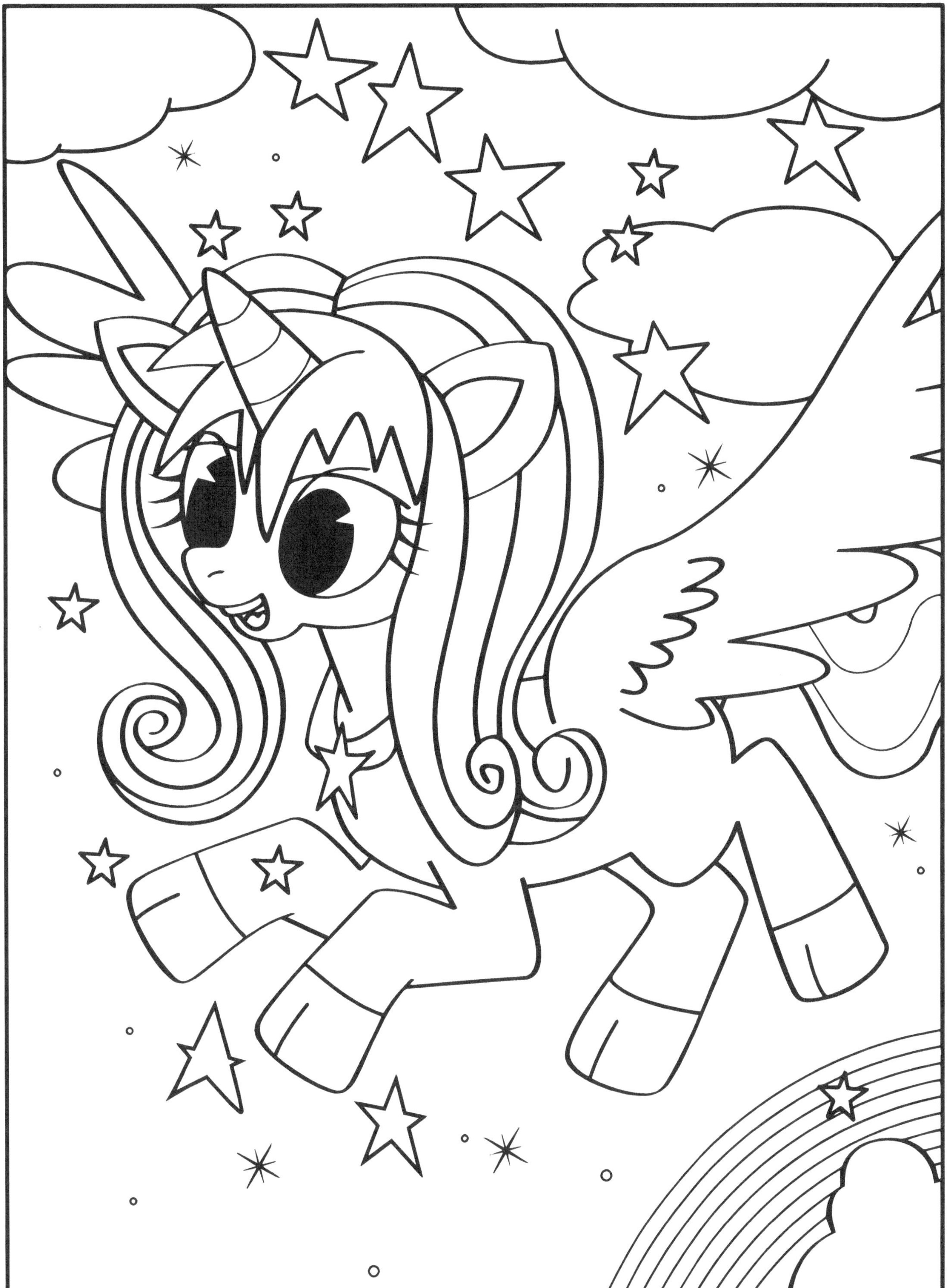

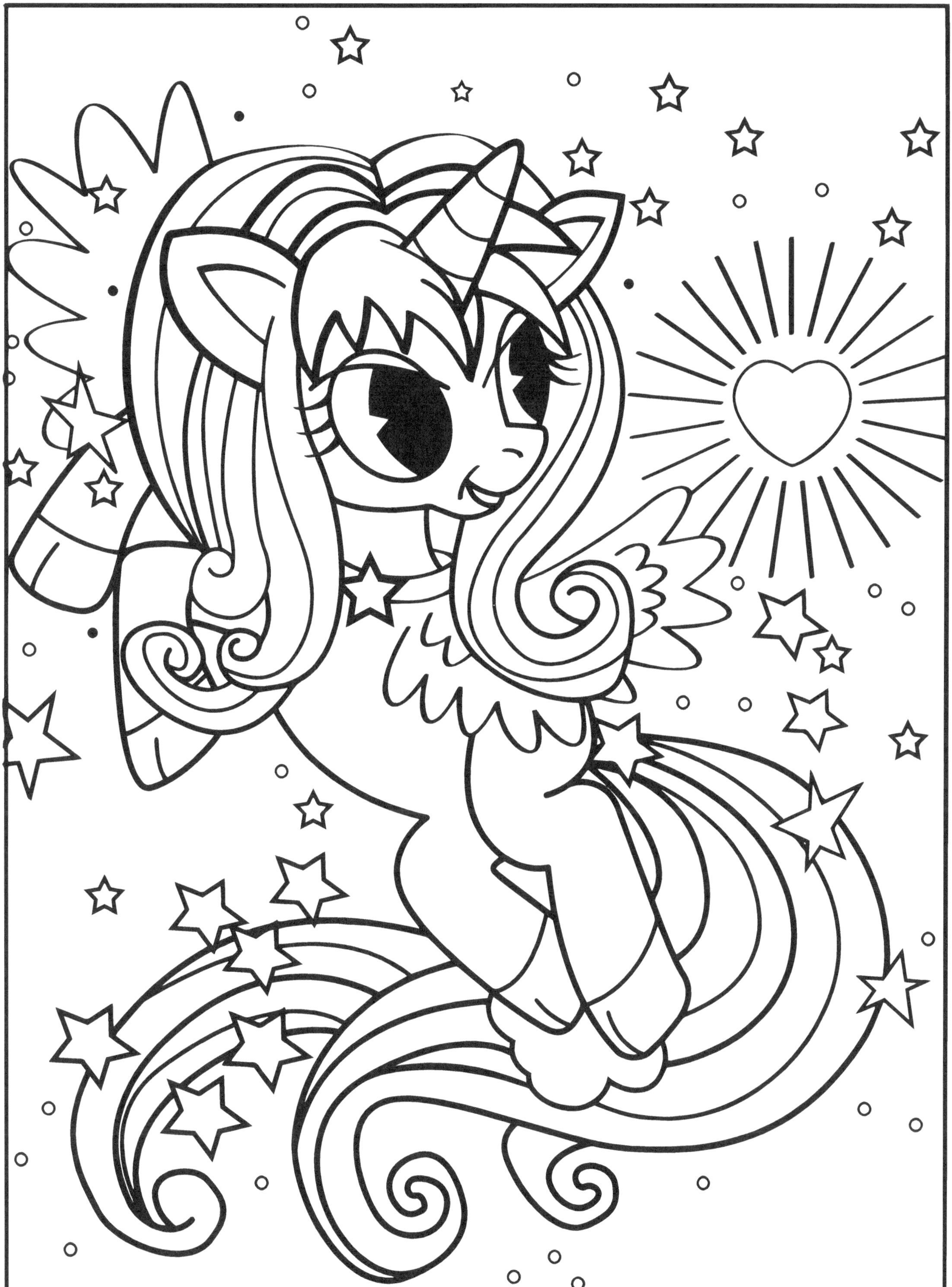

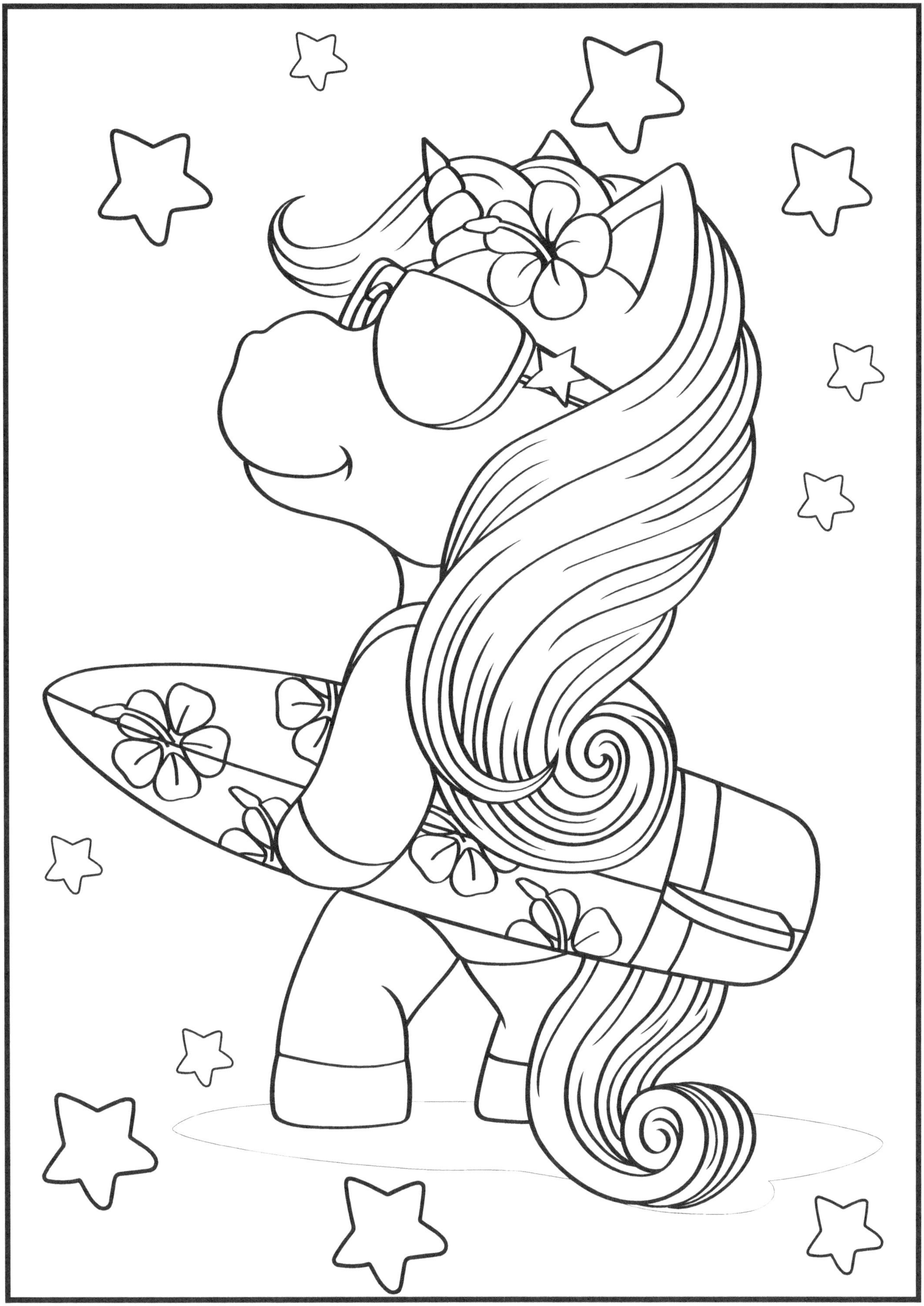

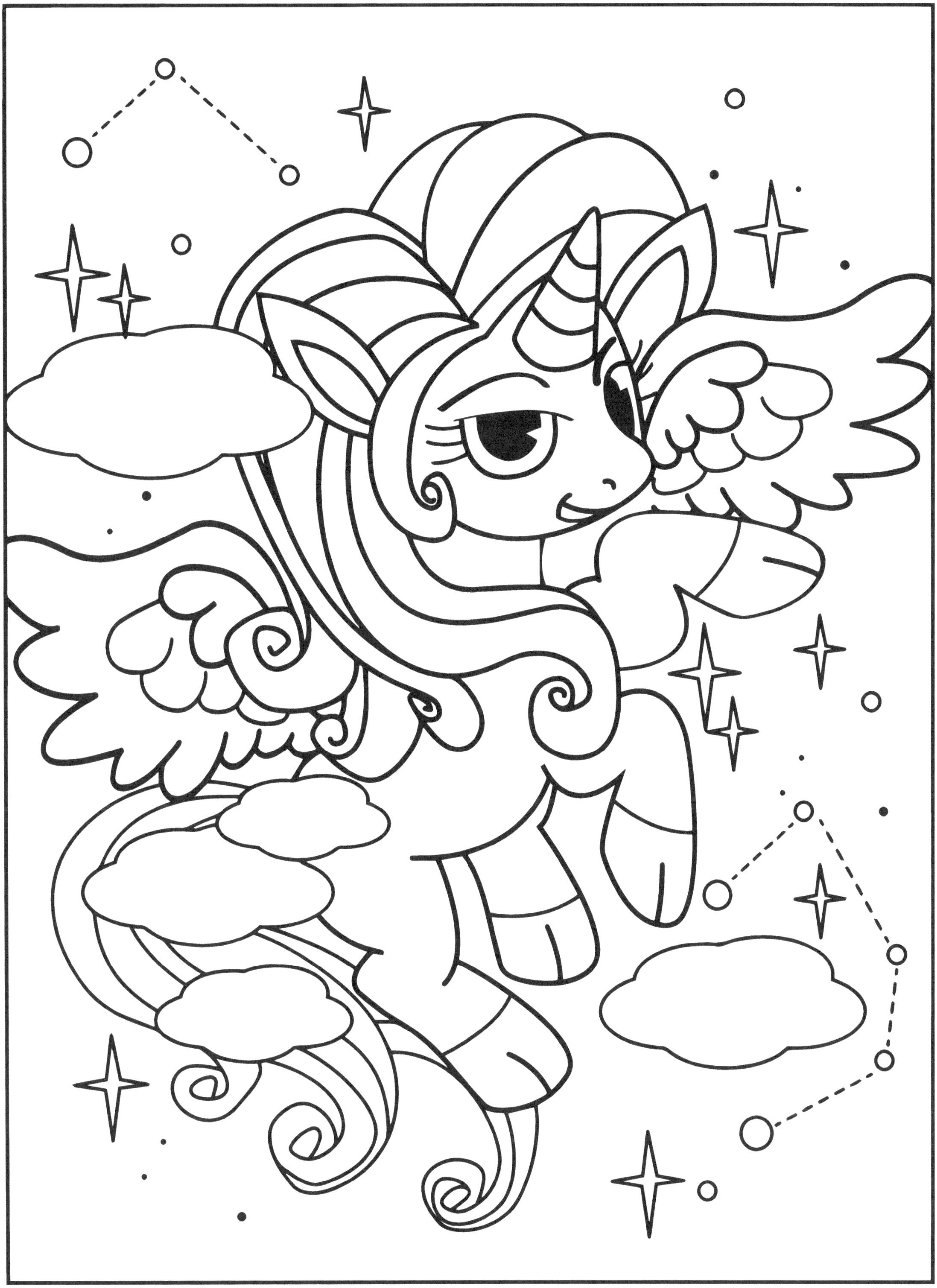

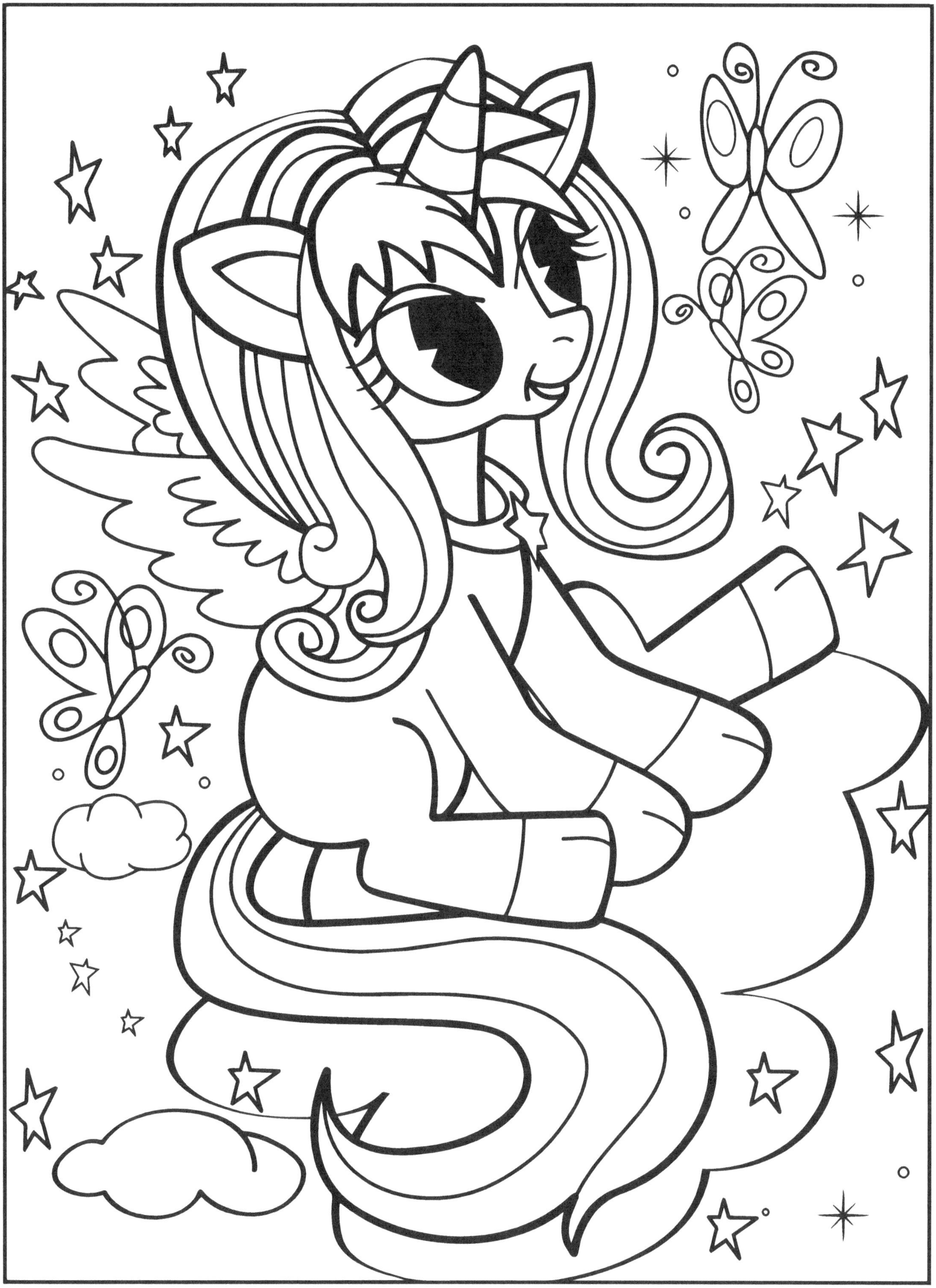

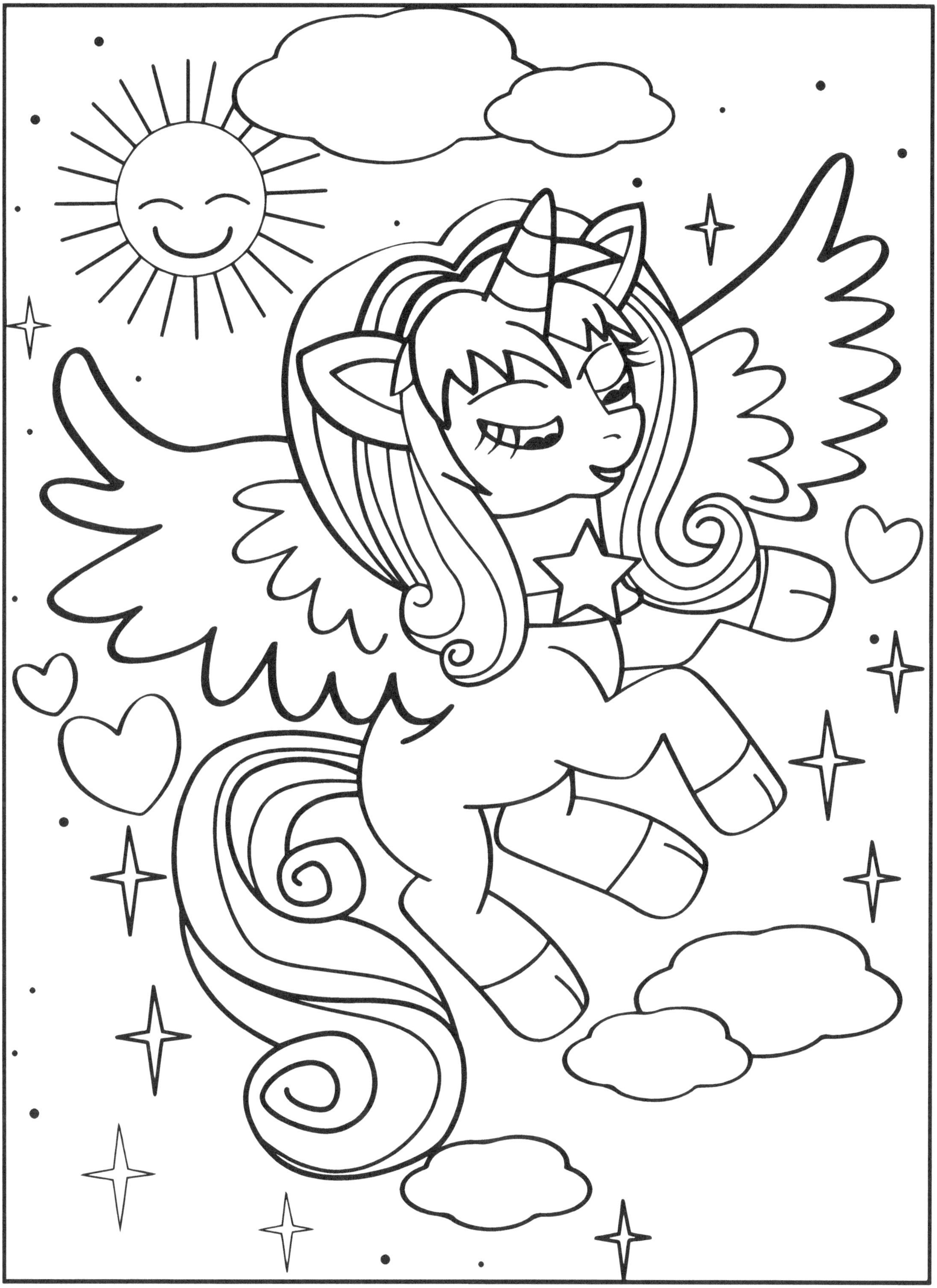

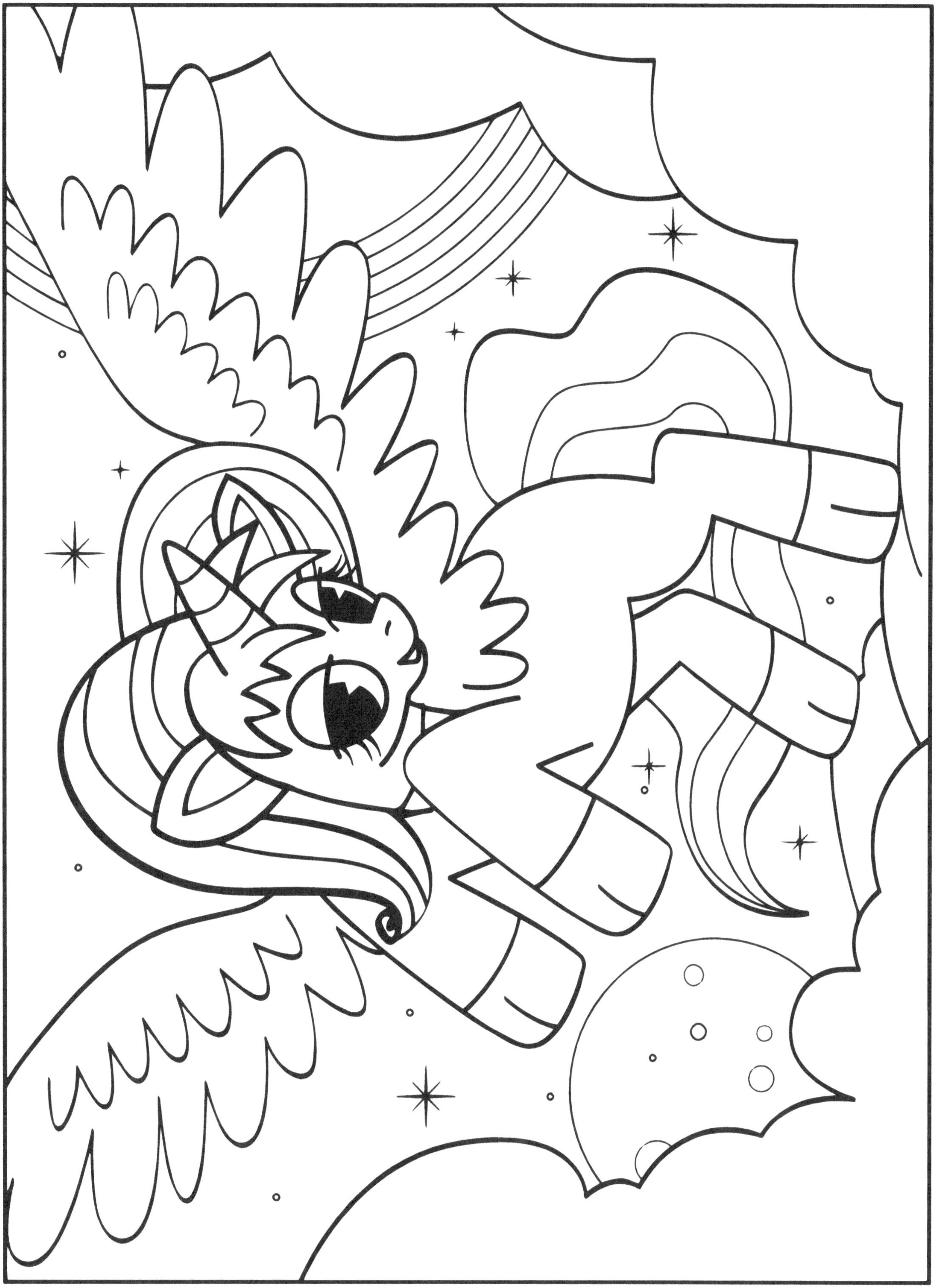

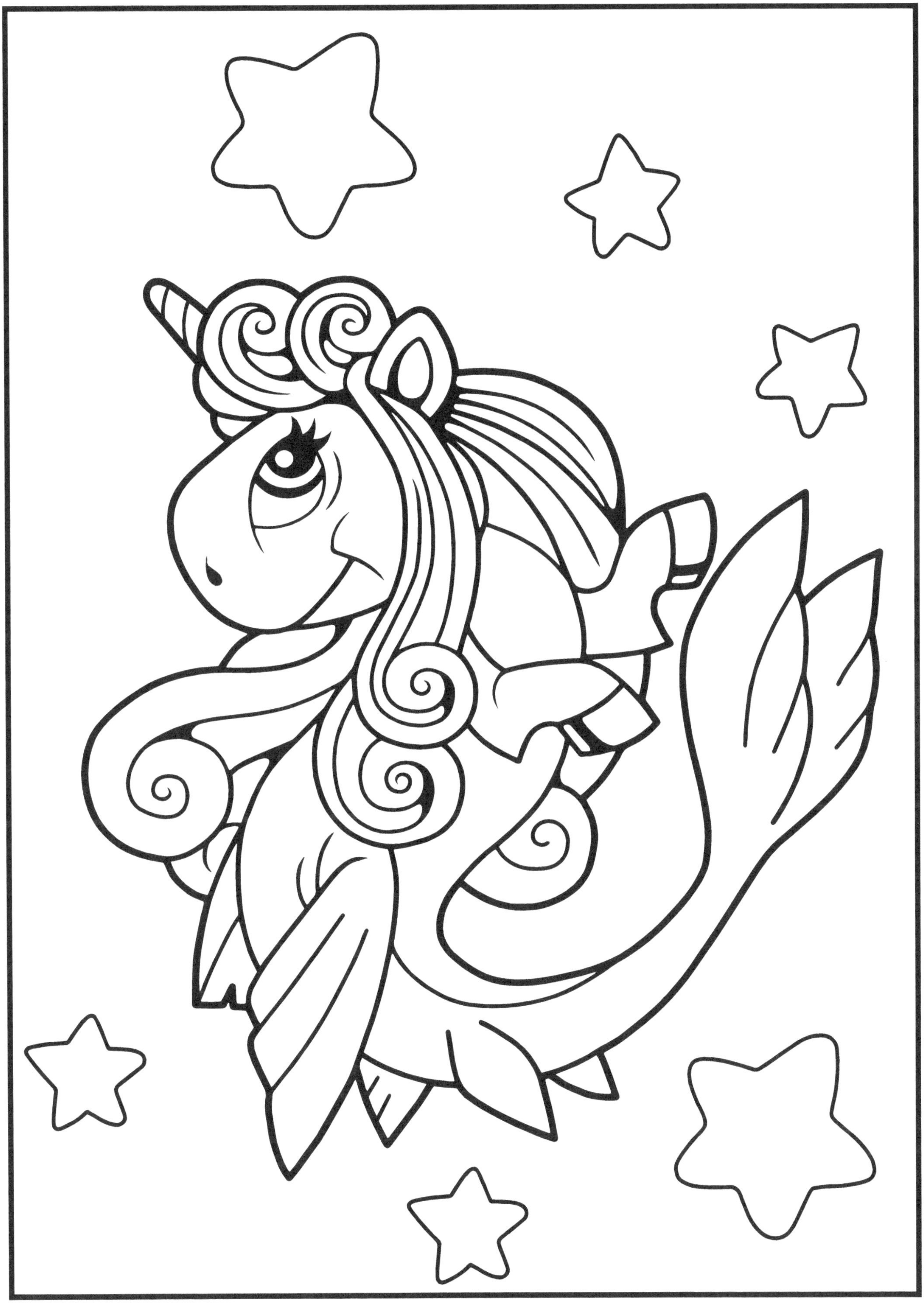

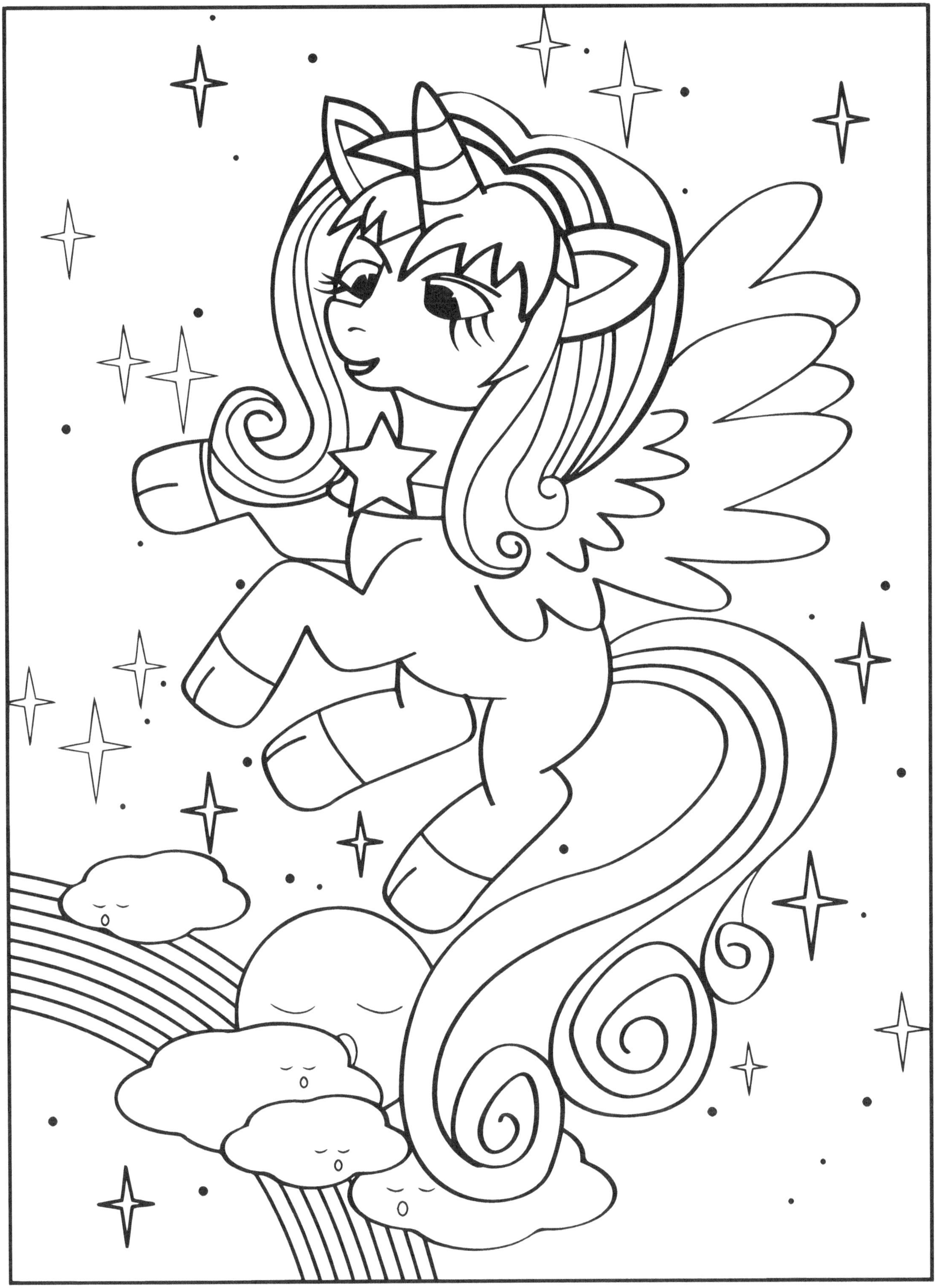

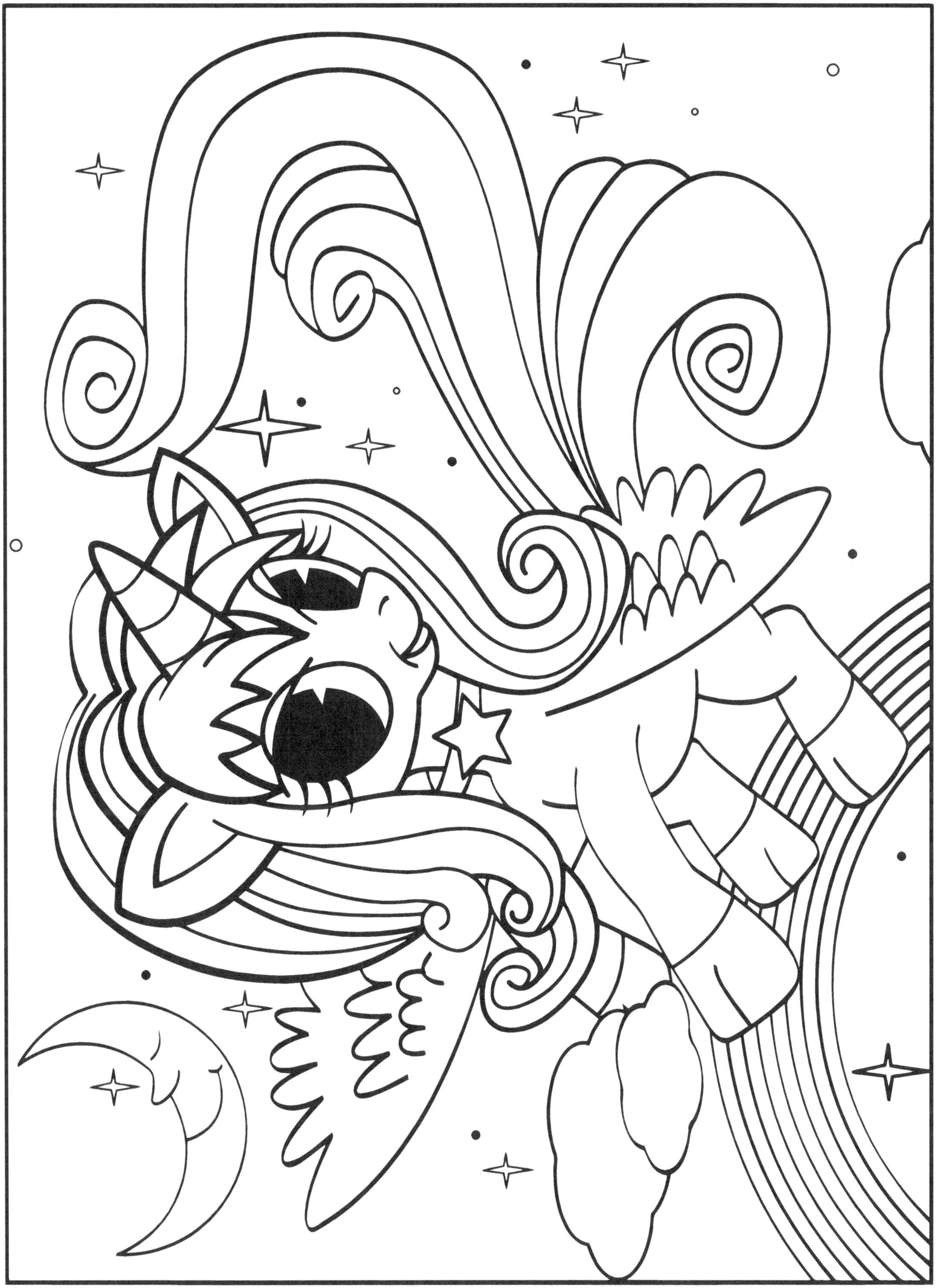

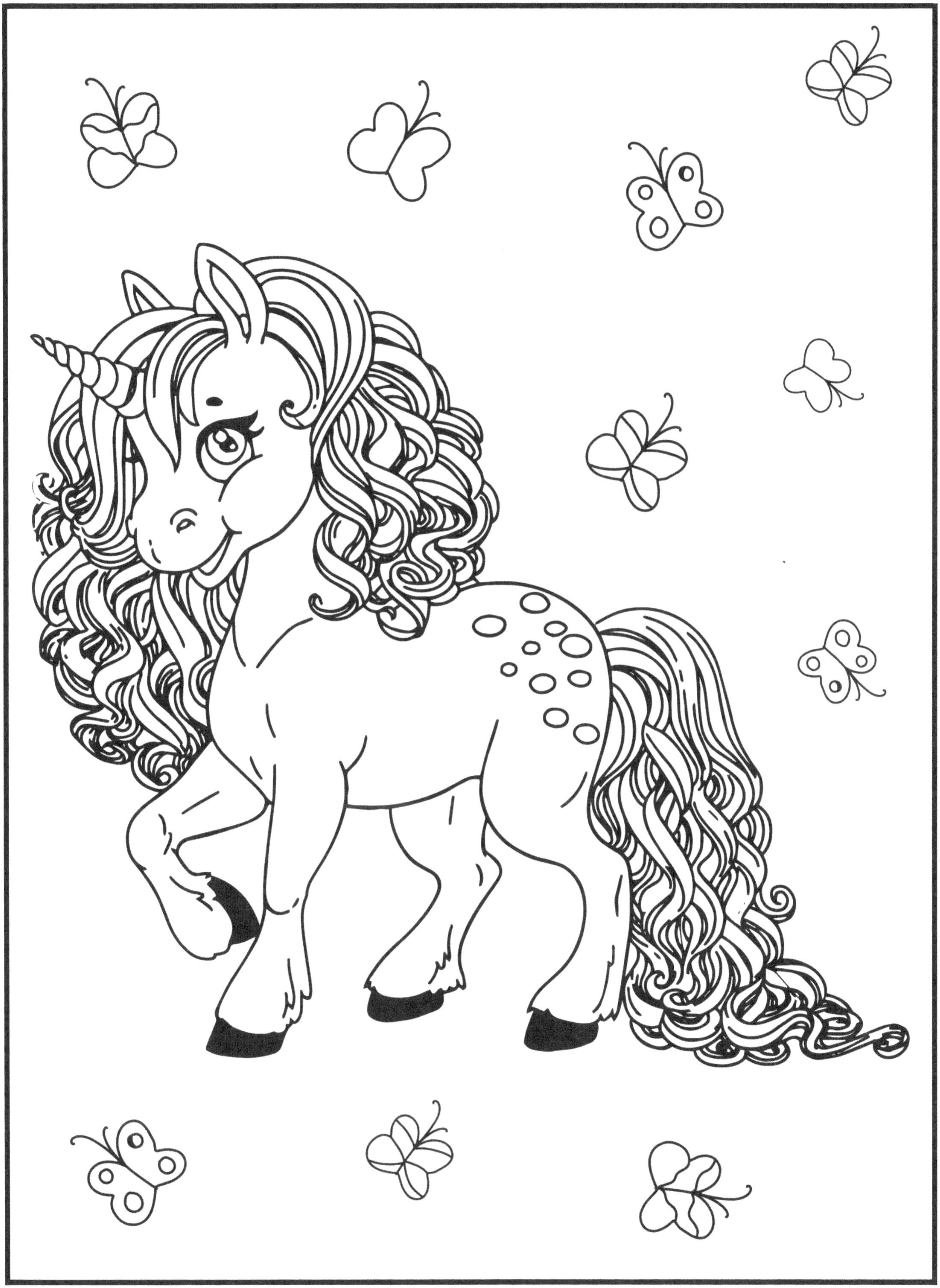

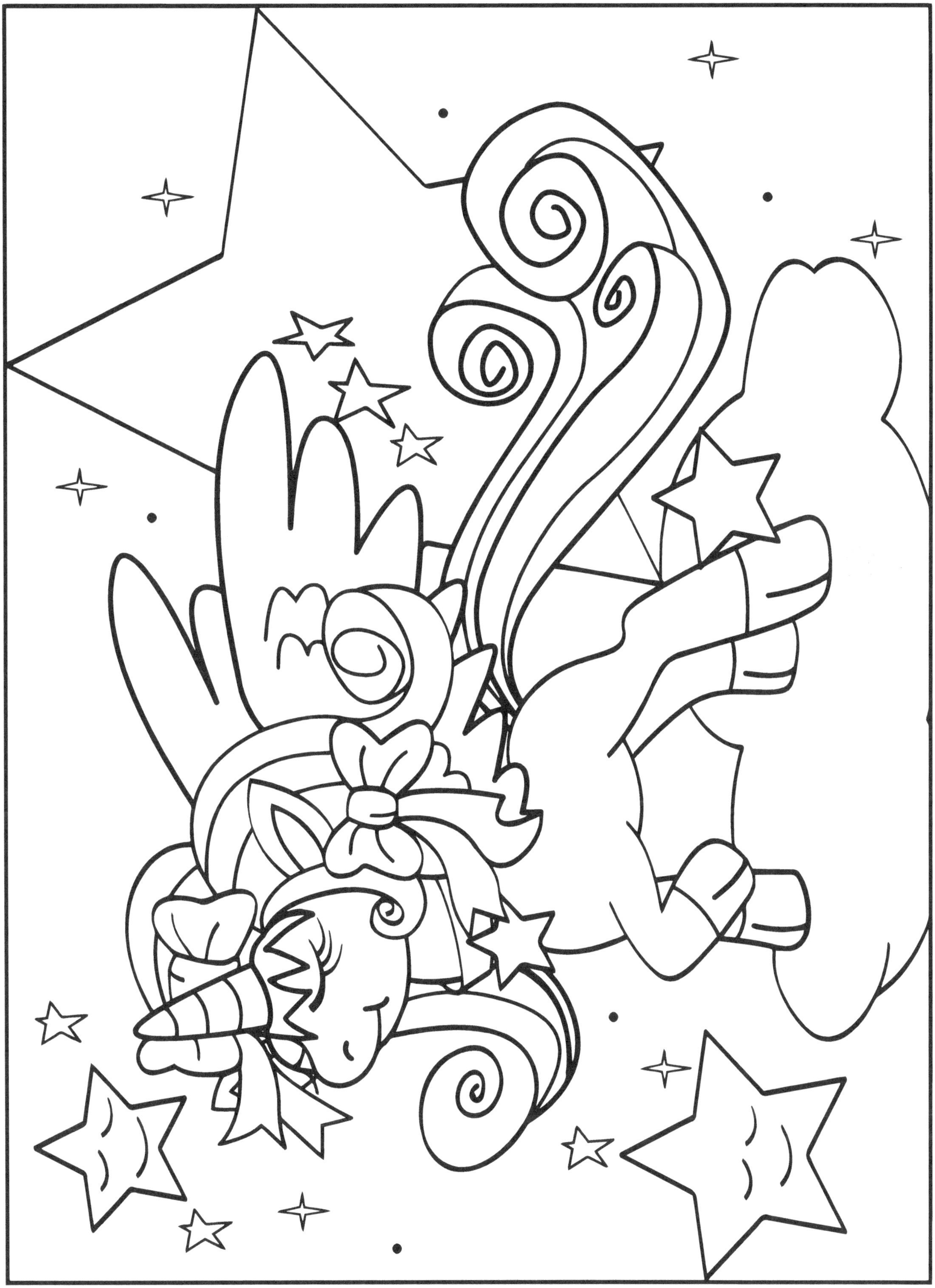

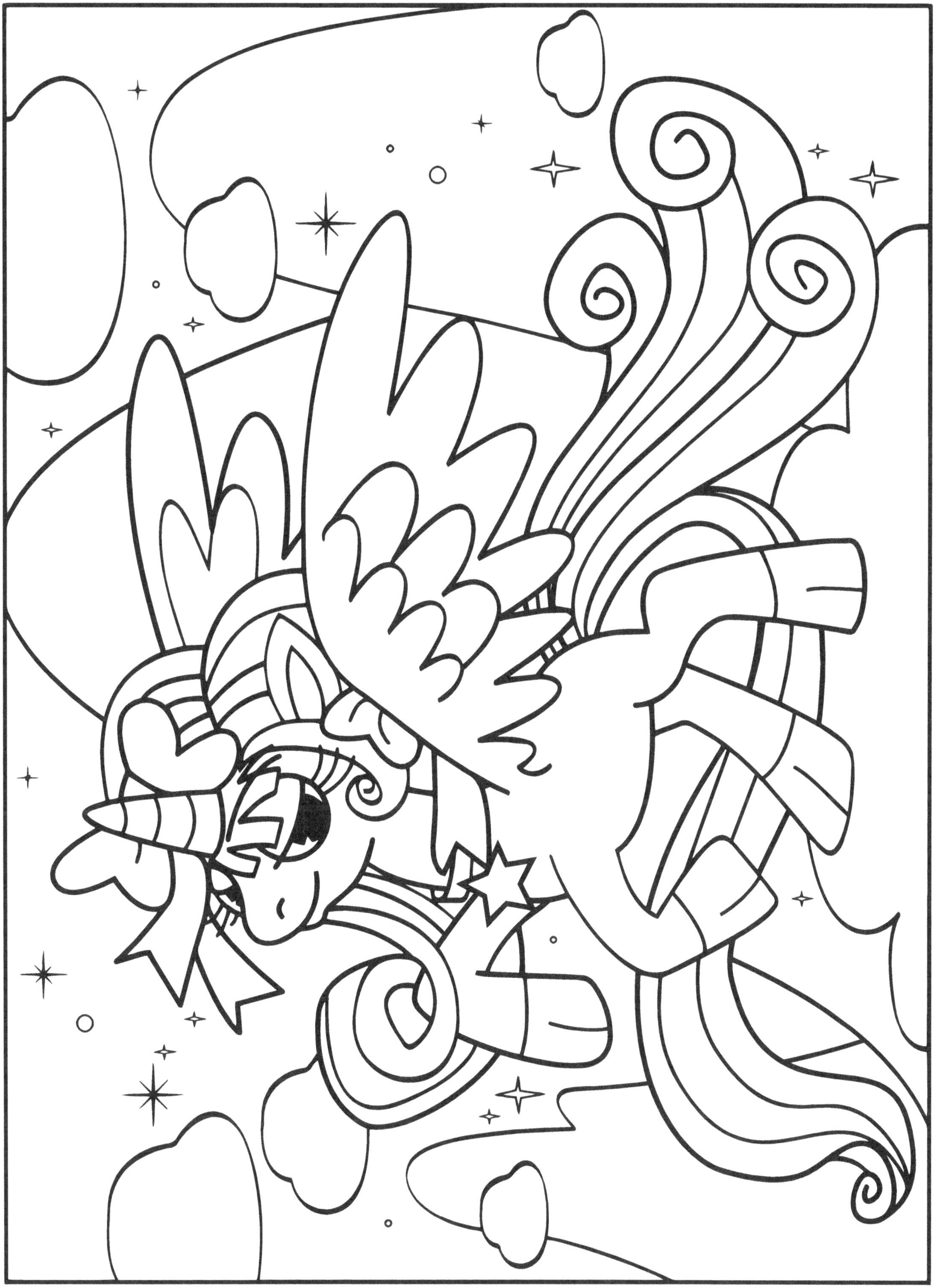

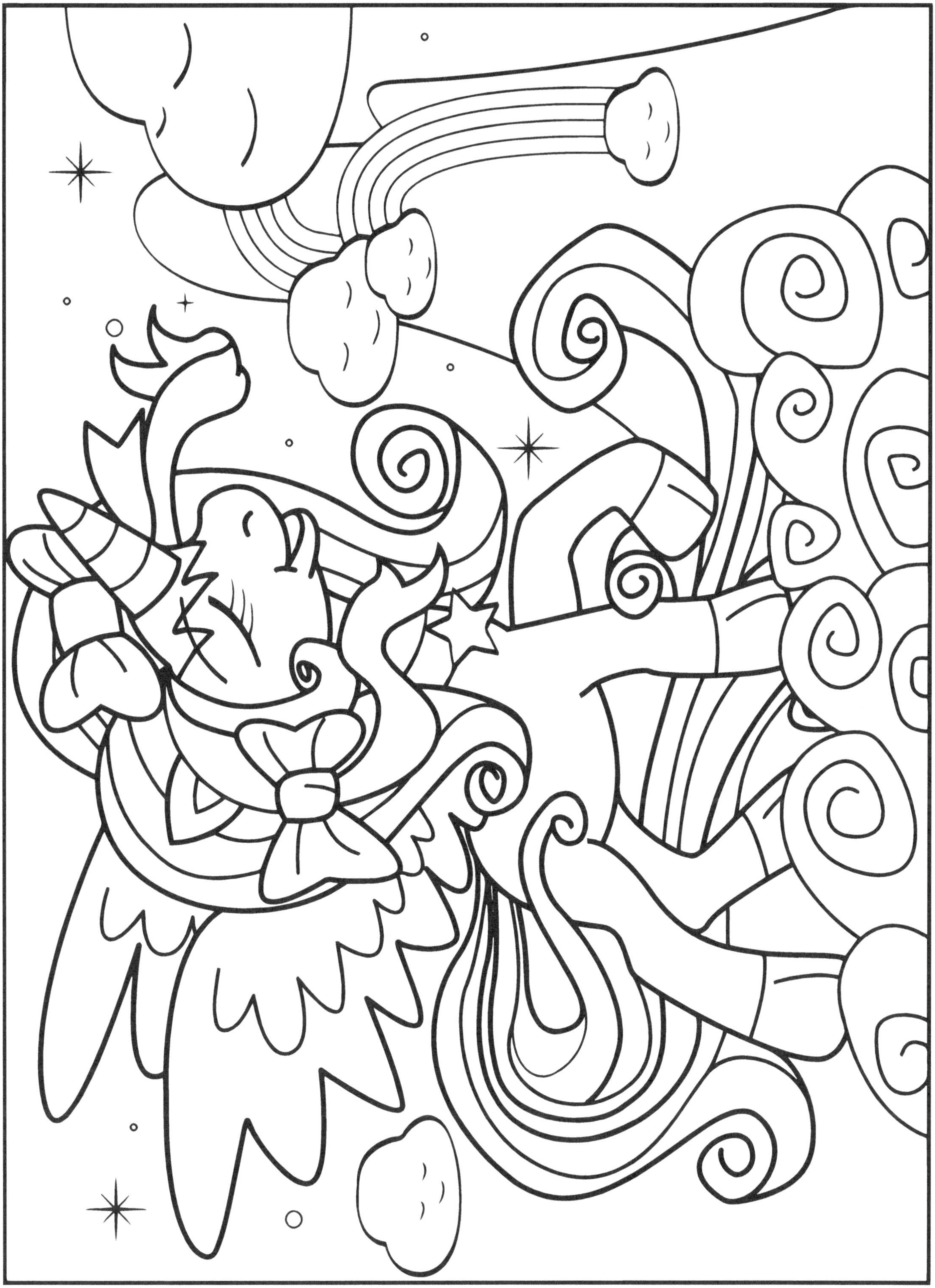

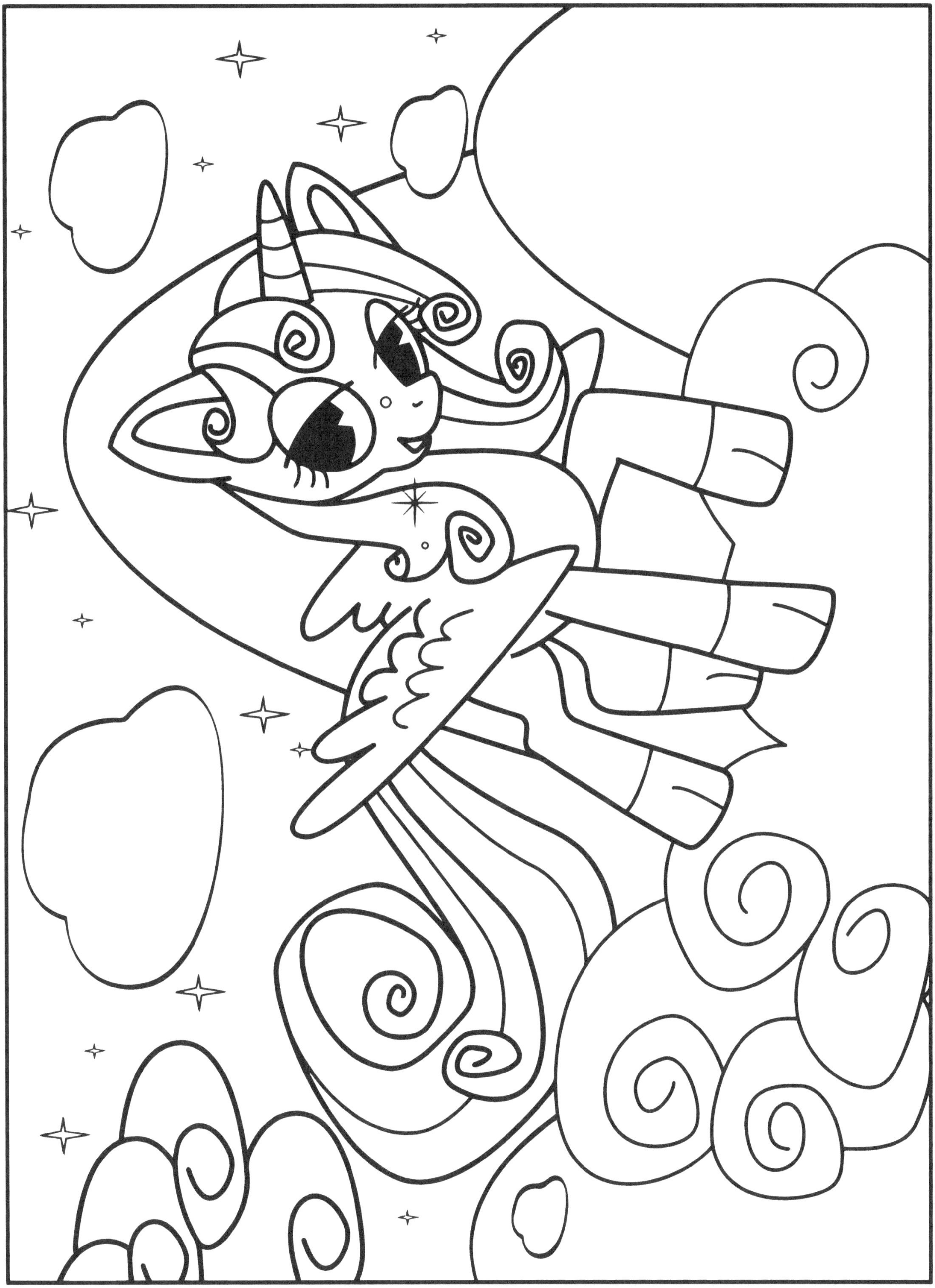

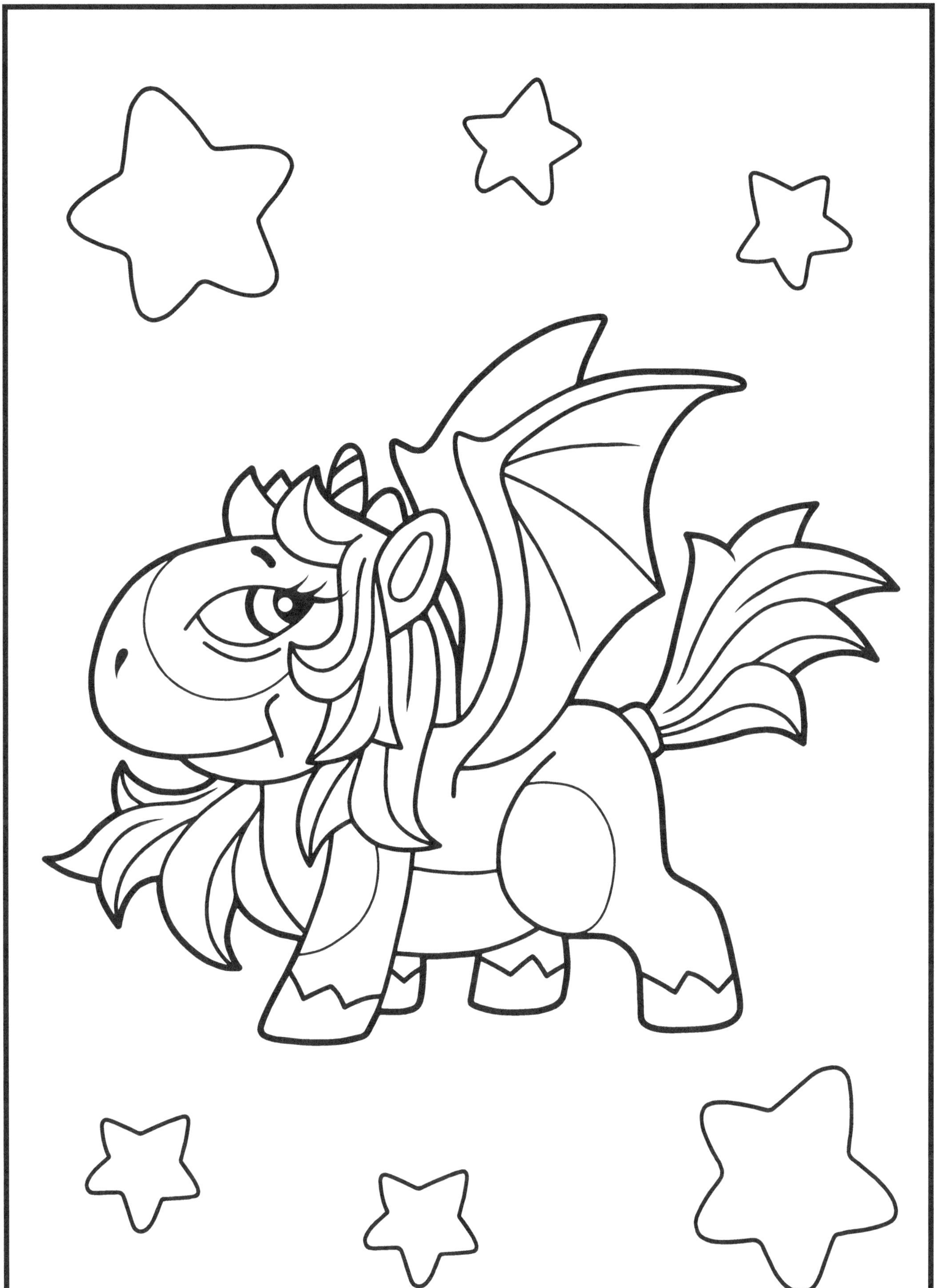

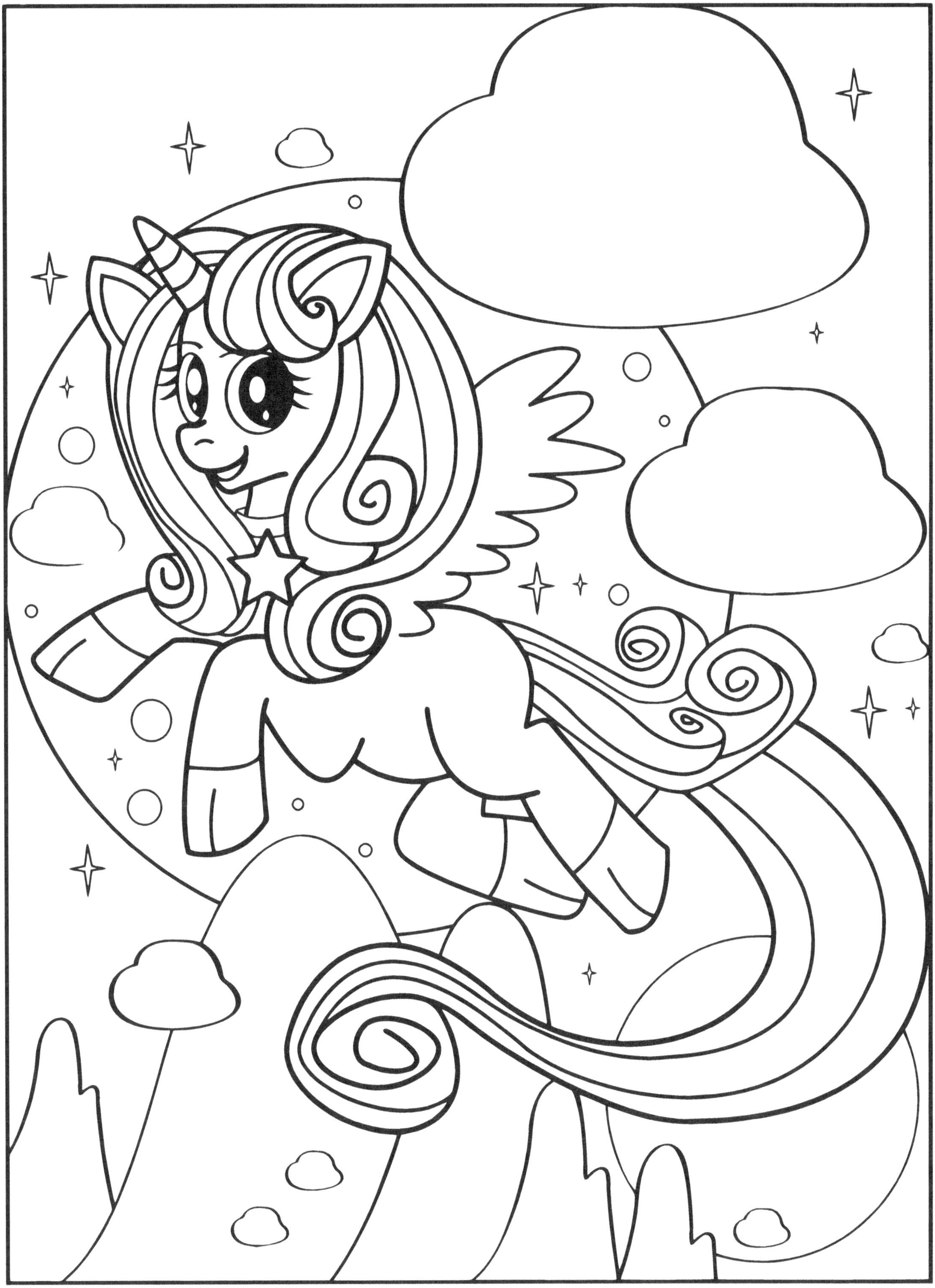

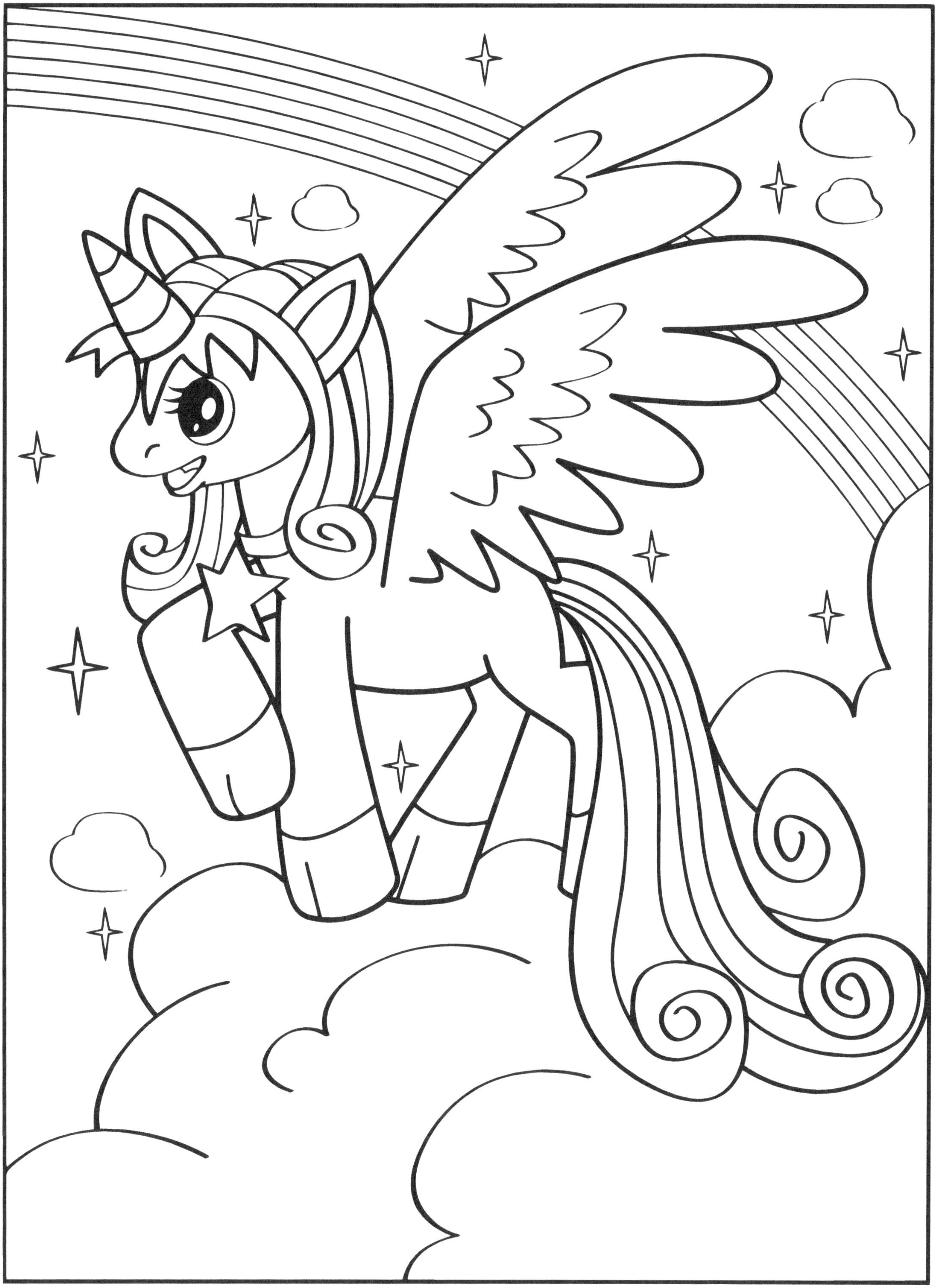

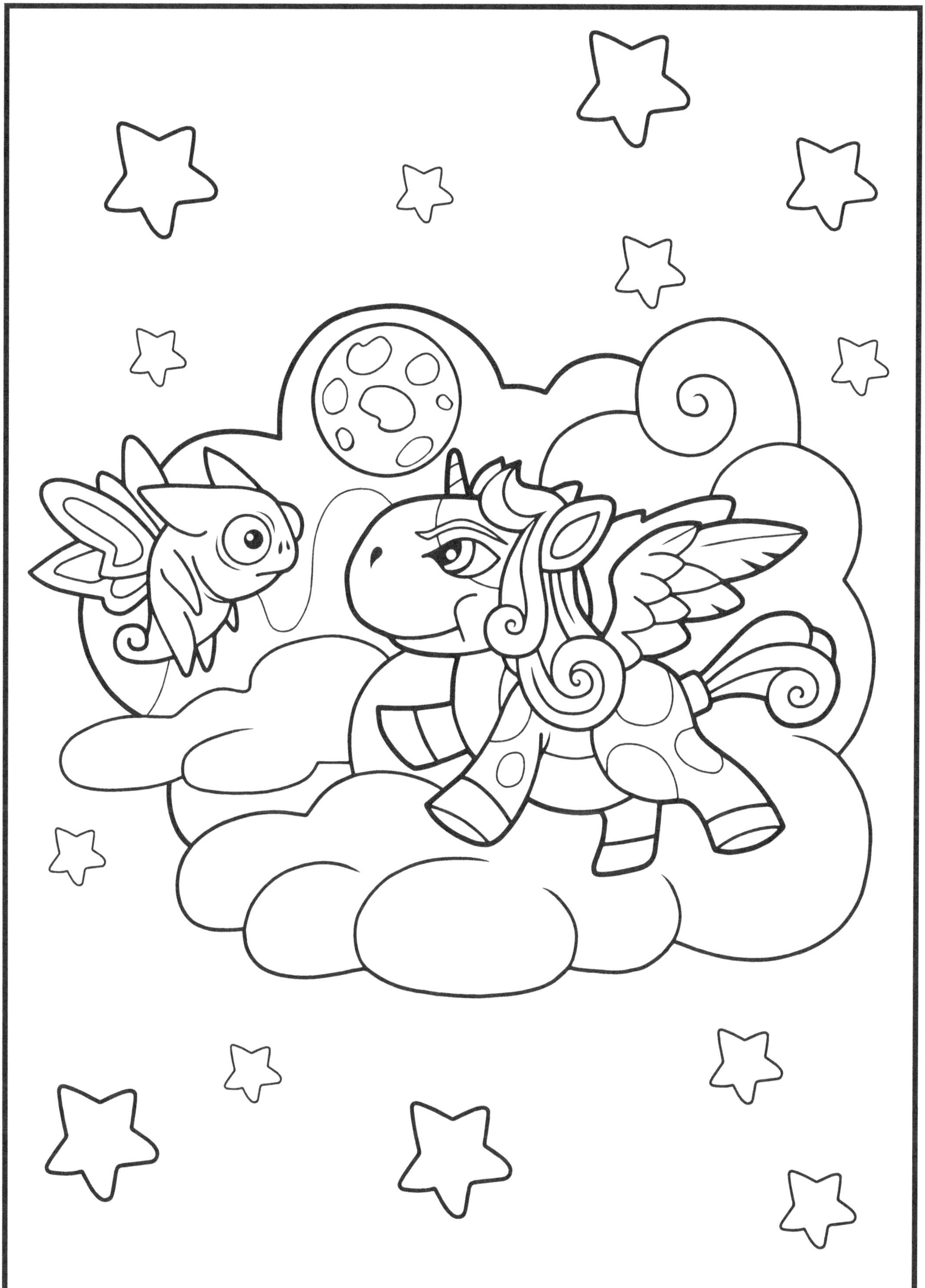

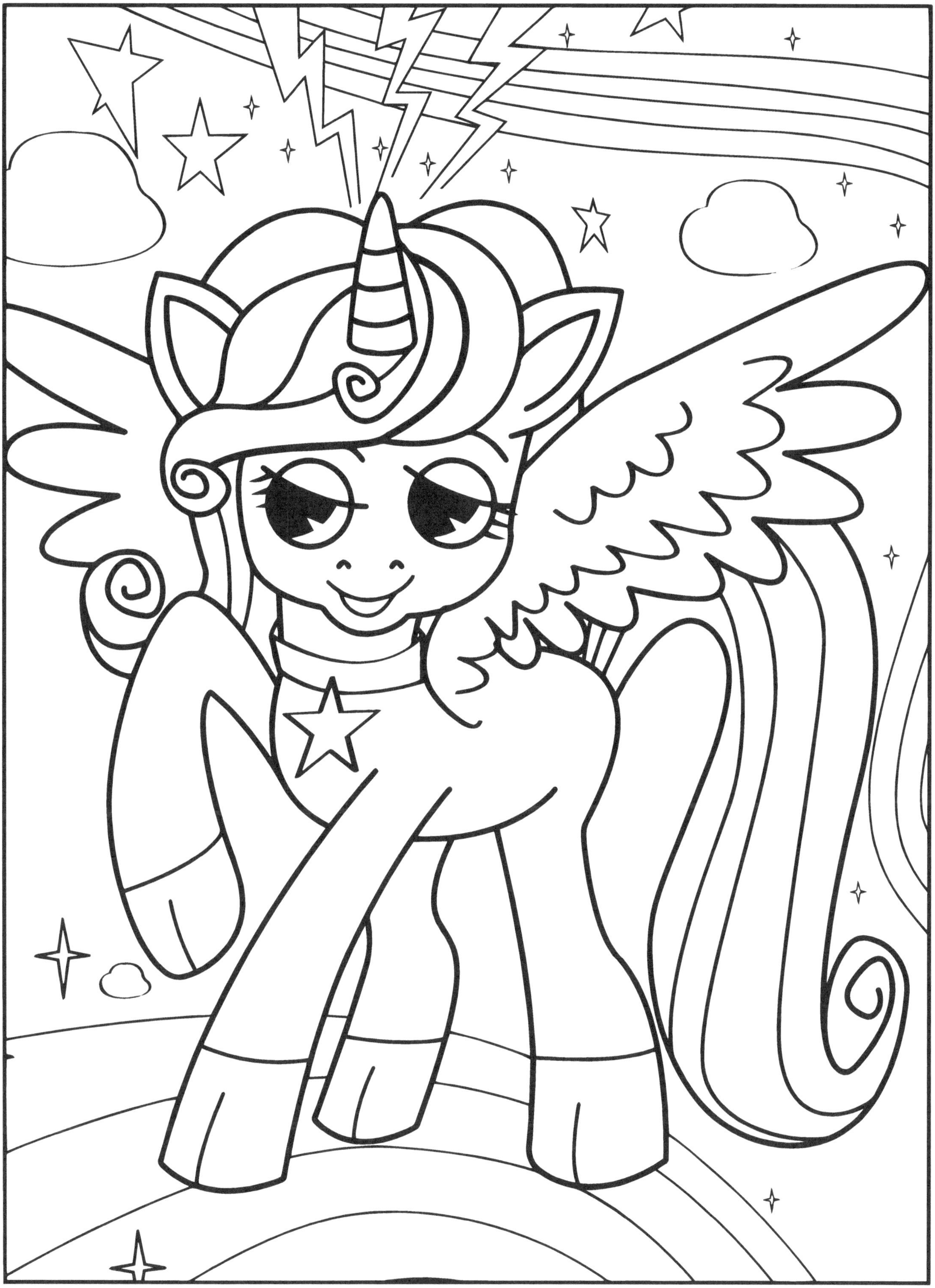

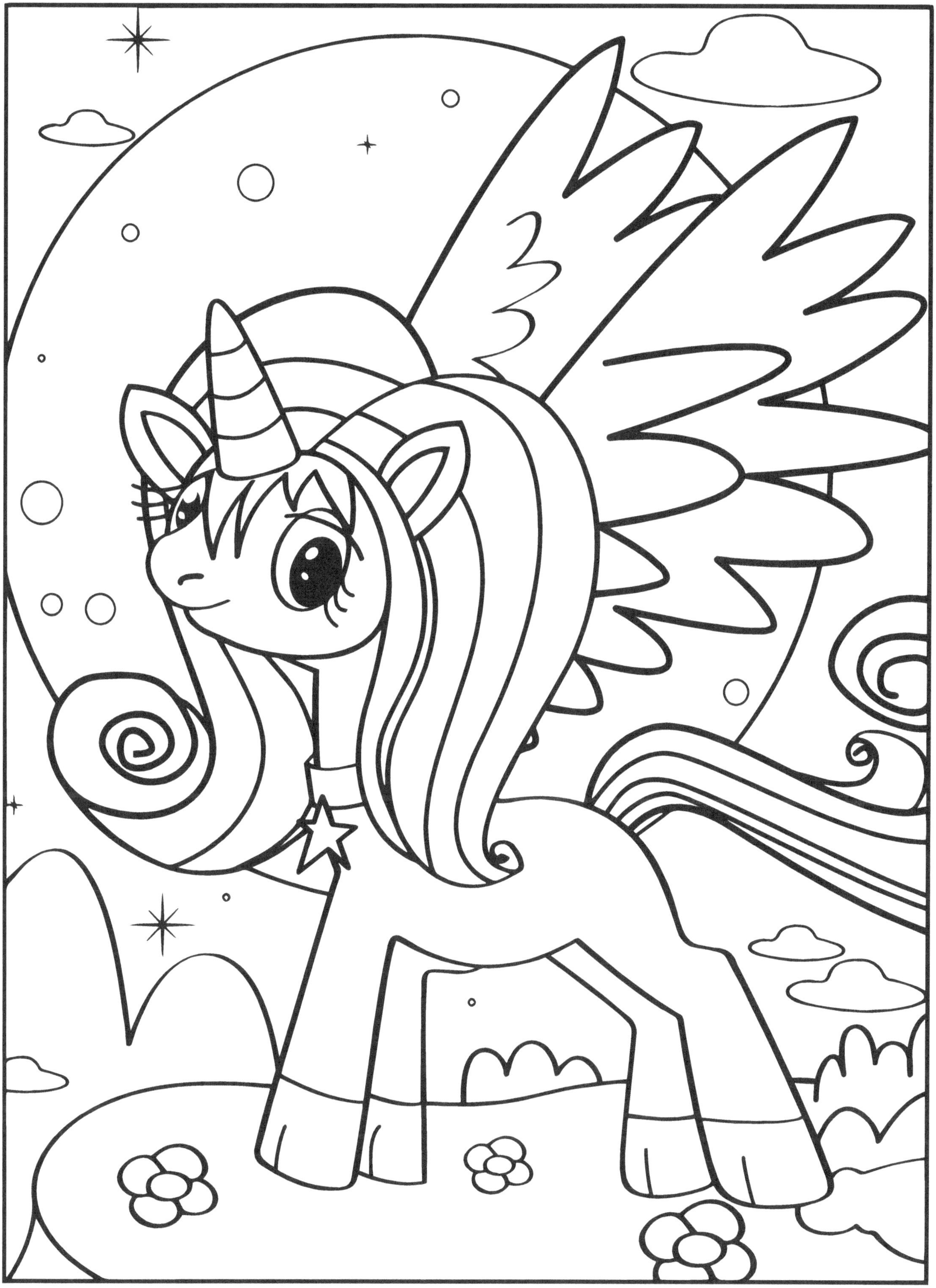

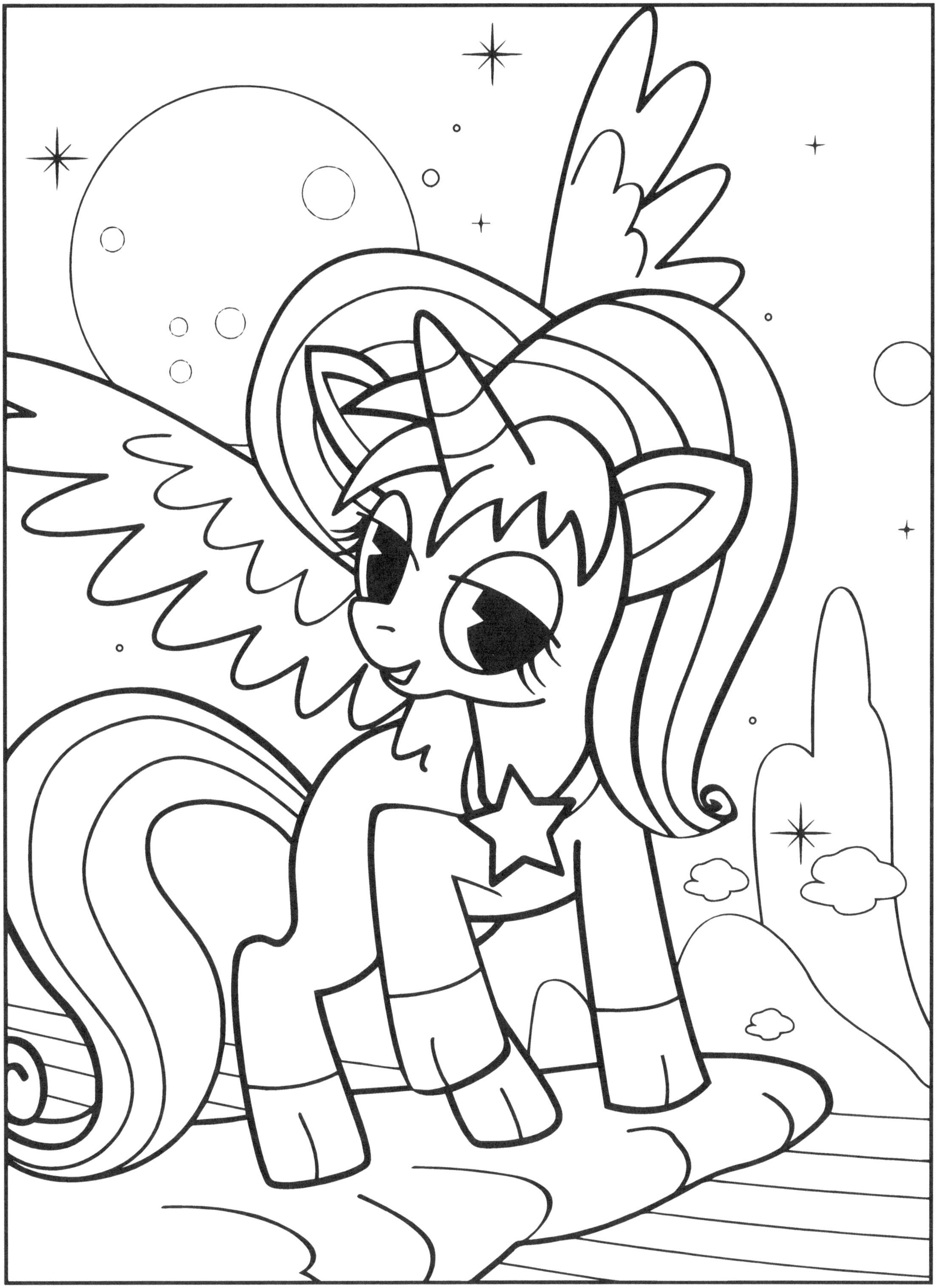

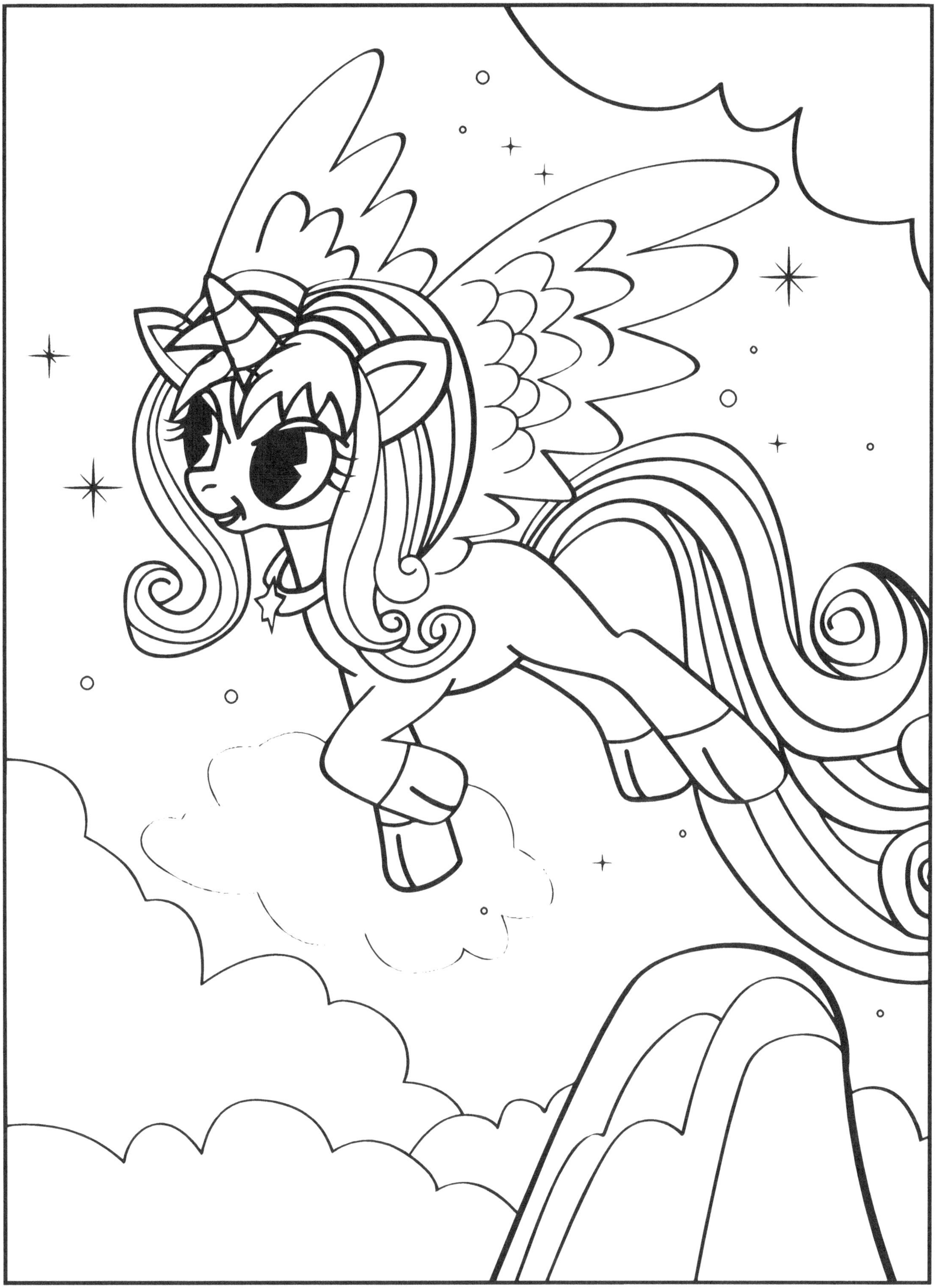

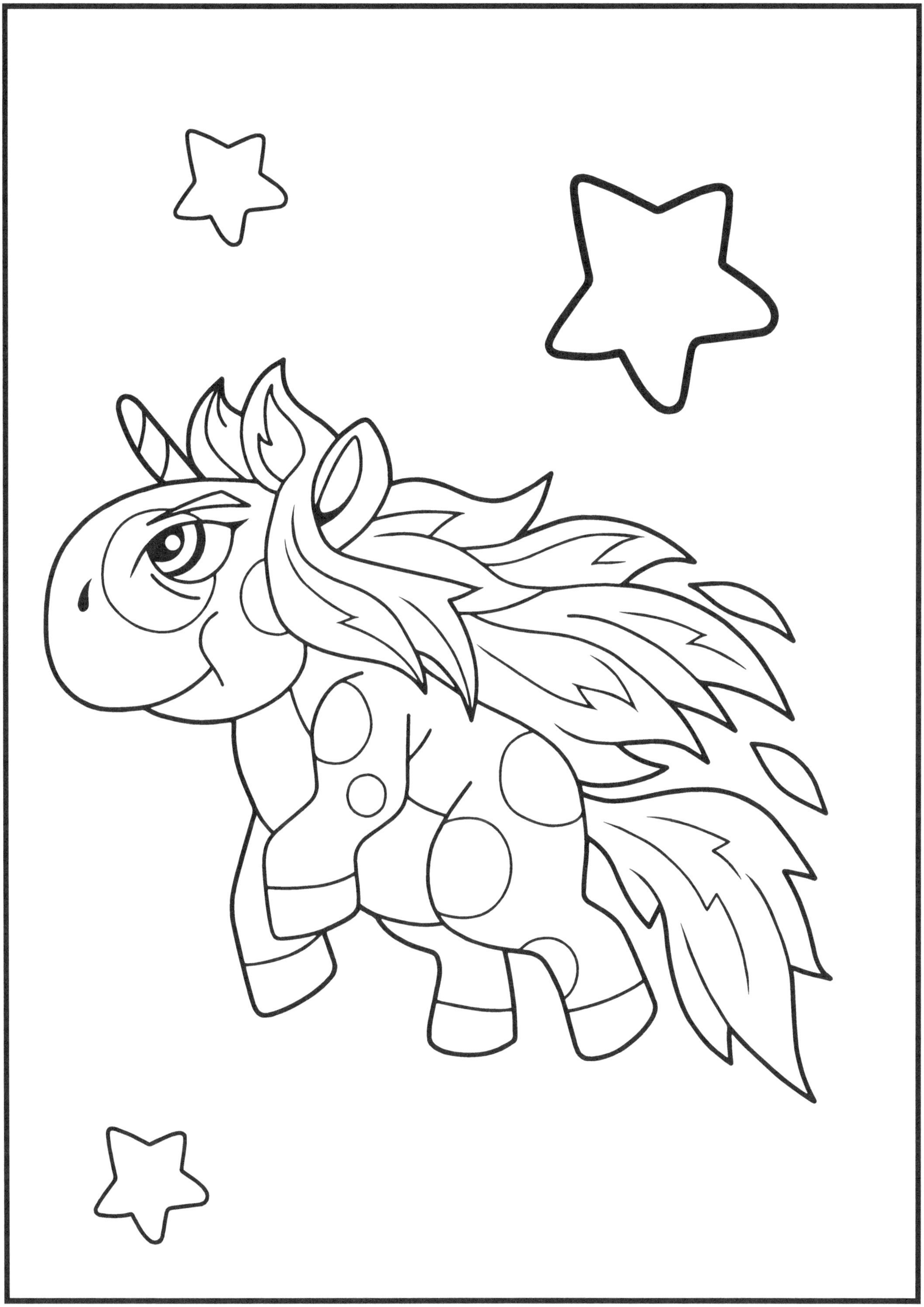

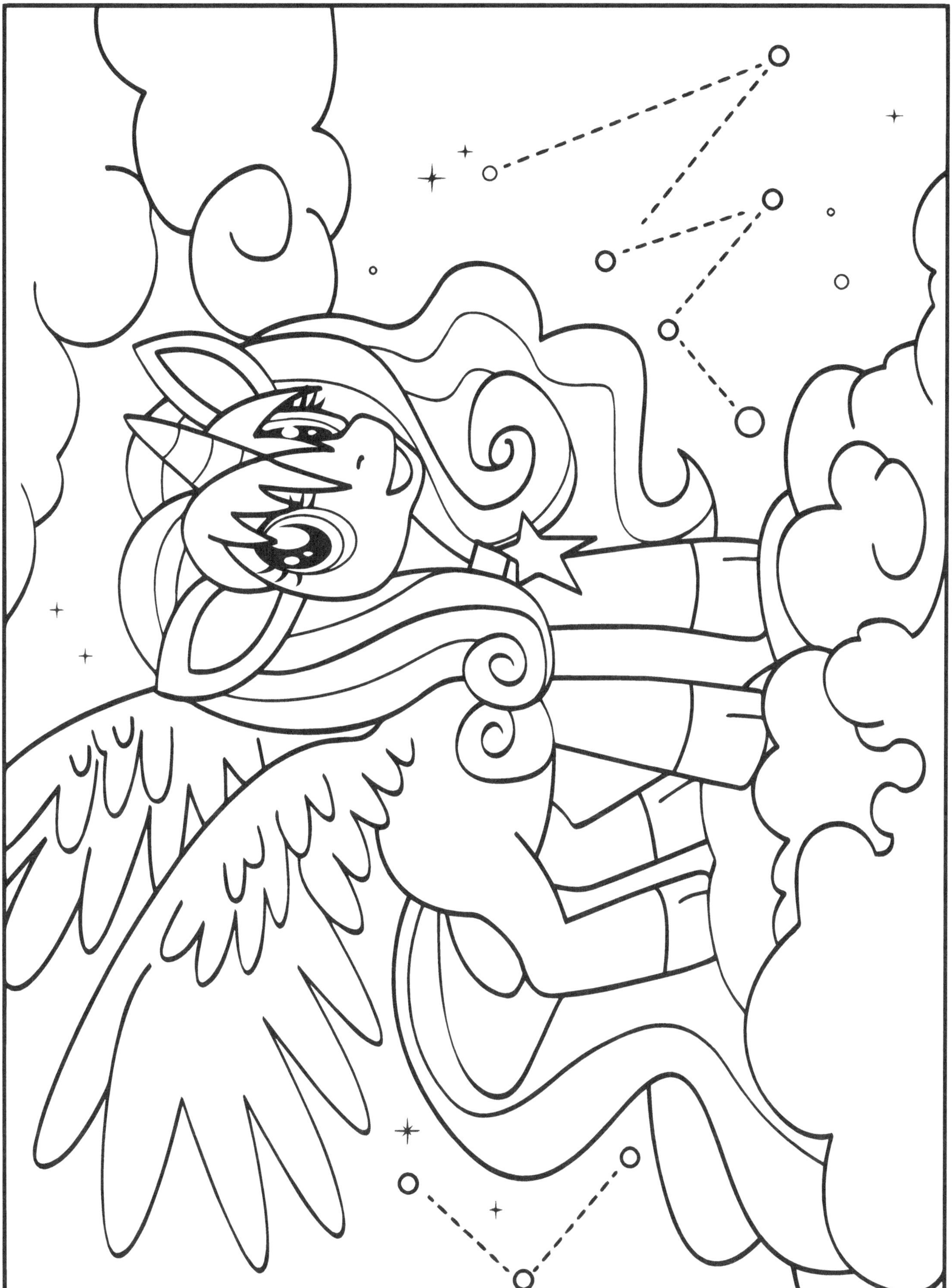

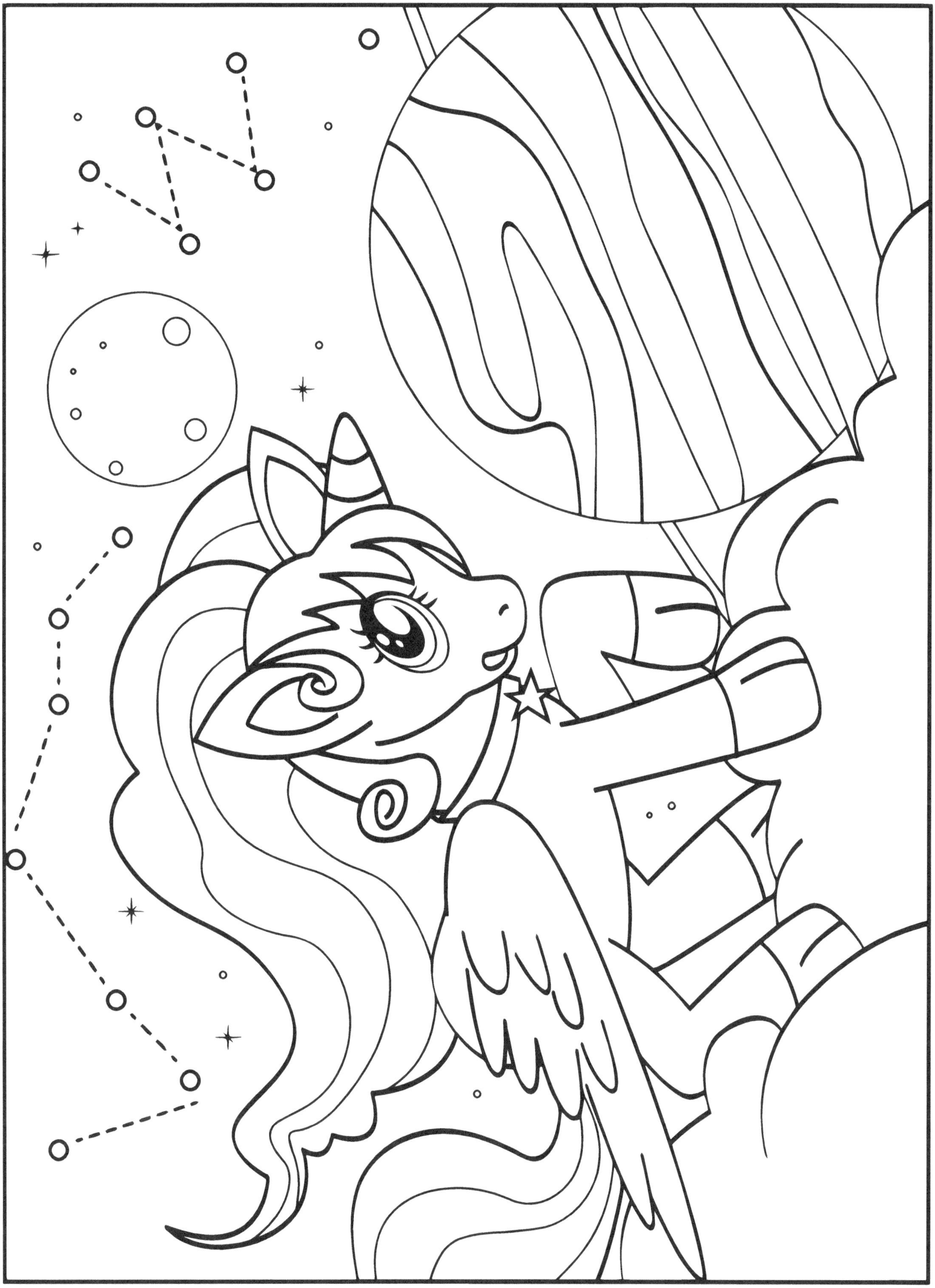

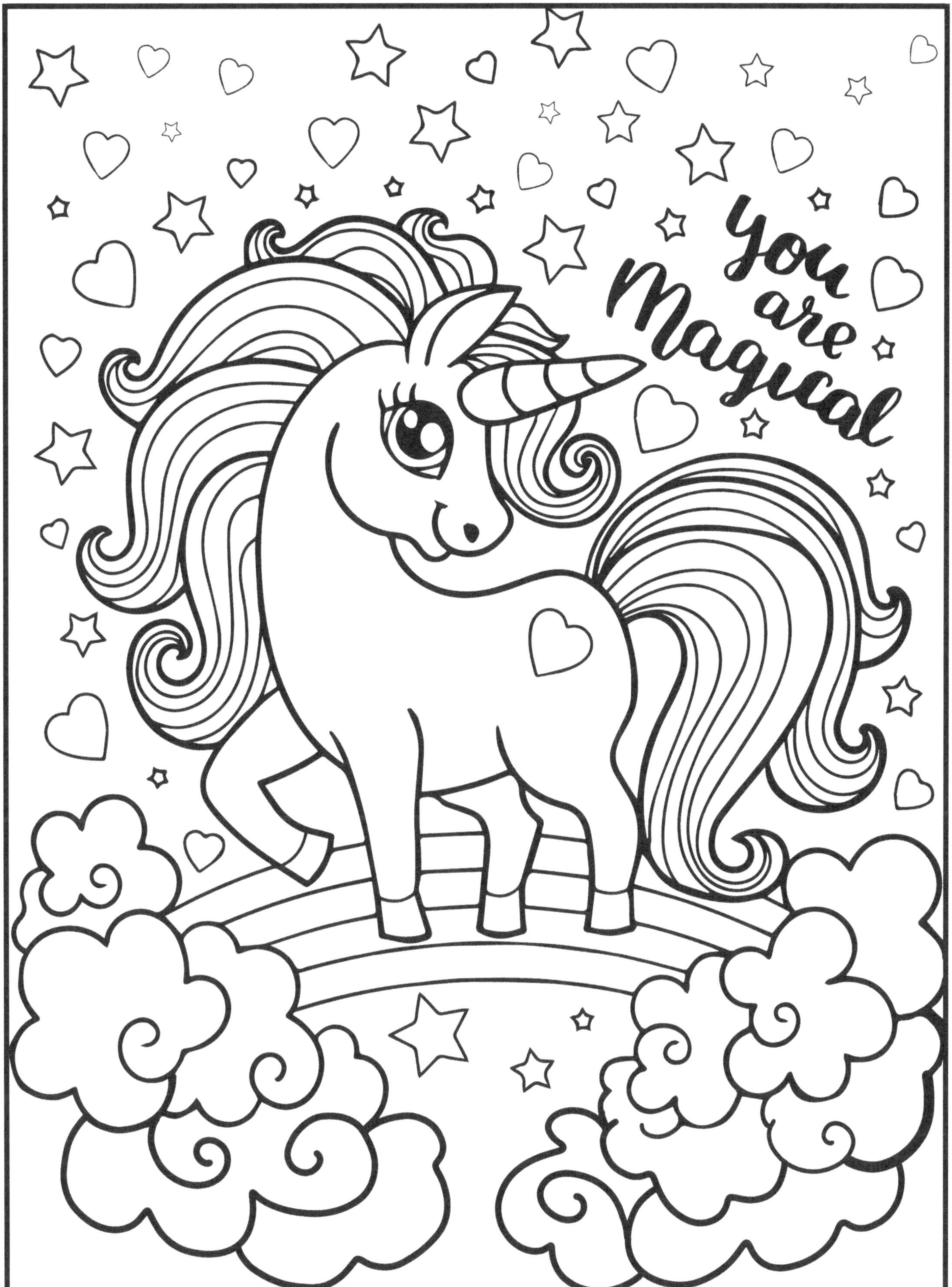
You are Magical

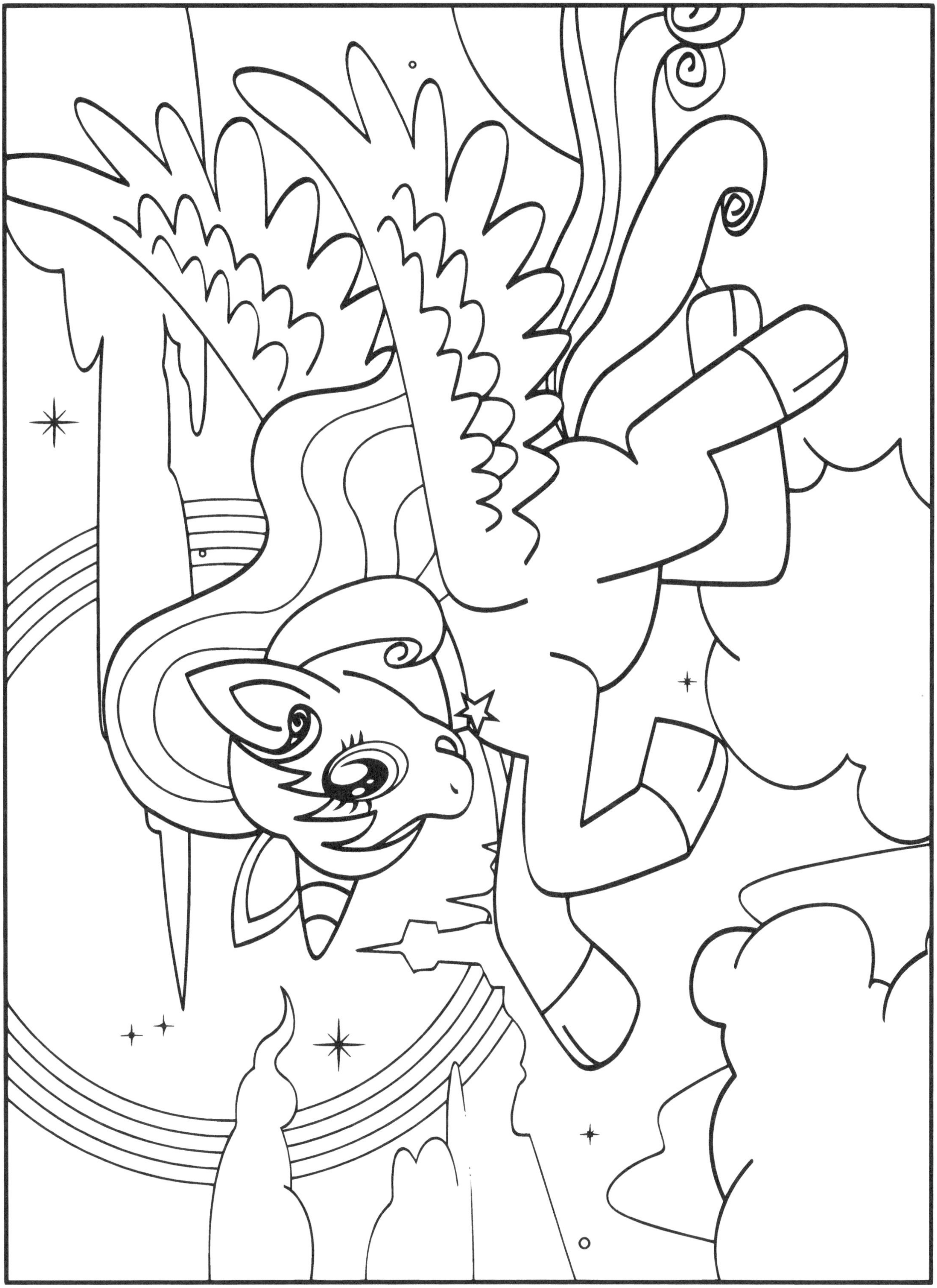

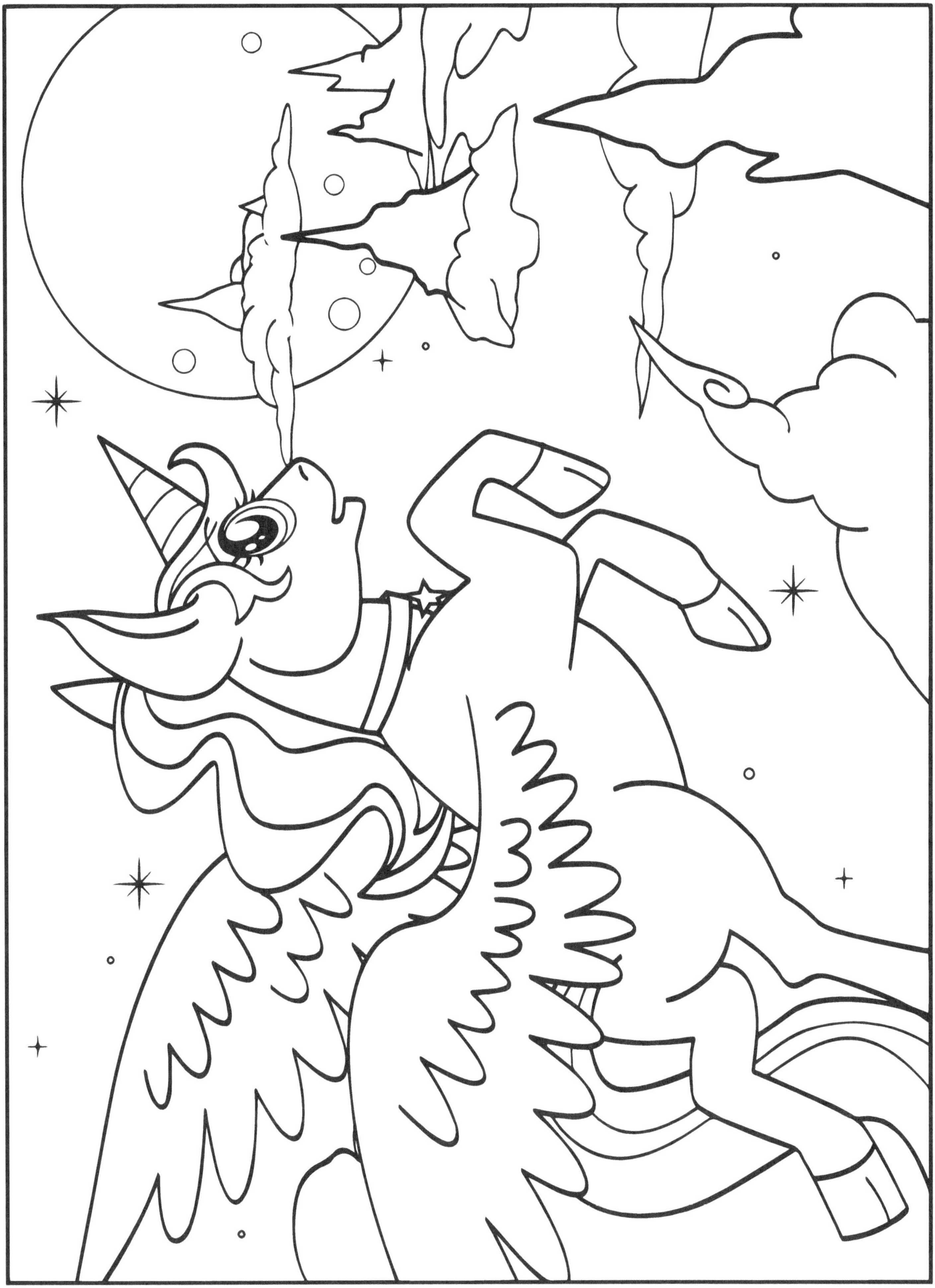

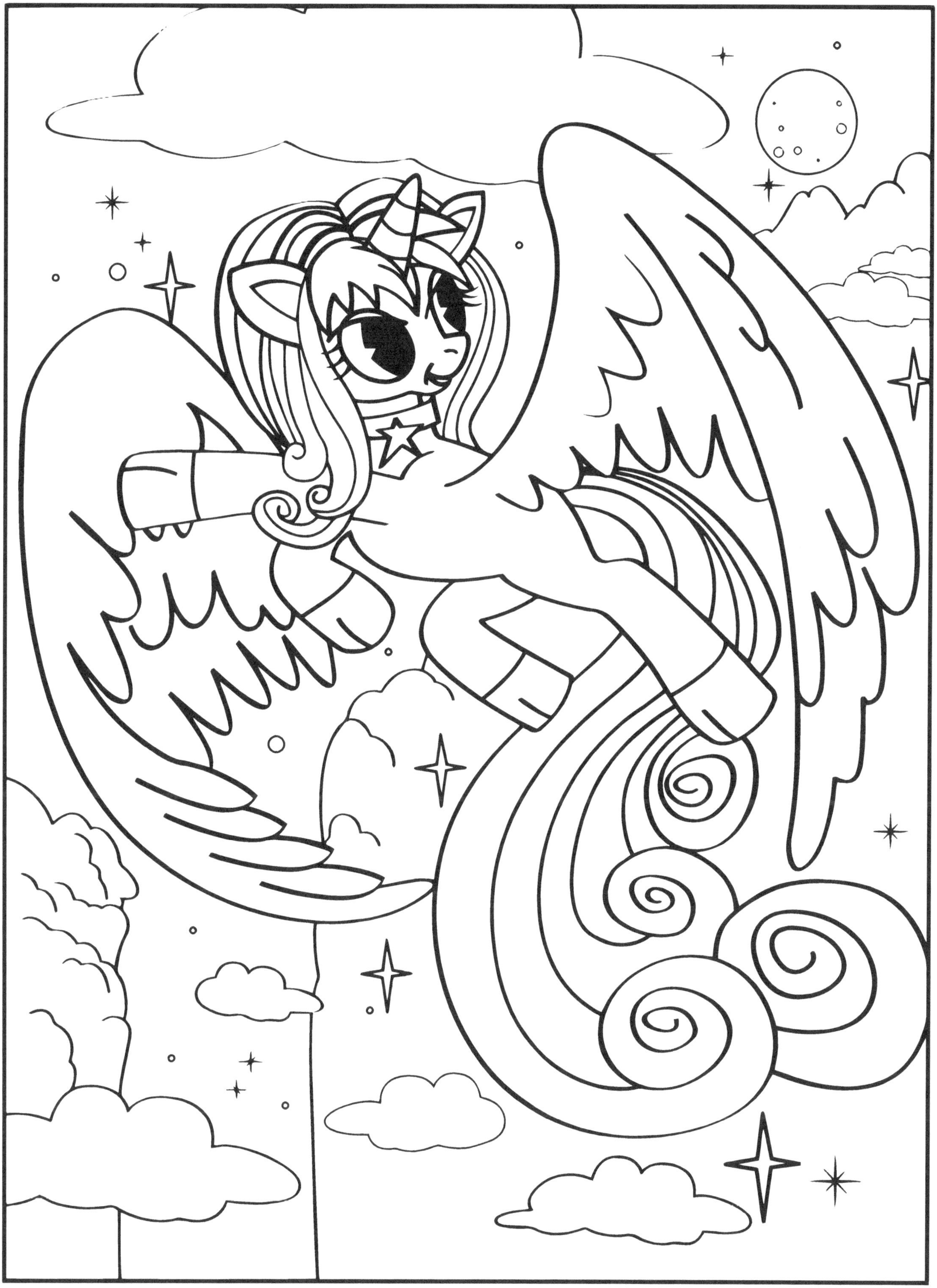

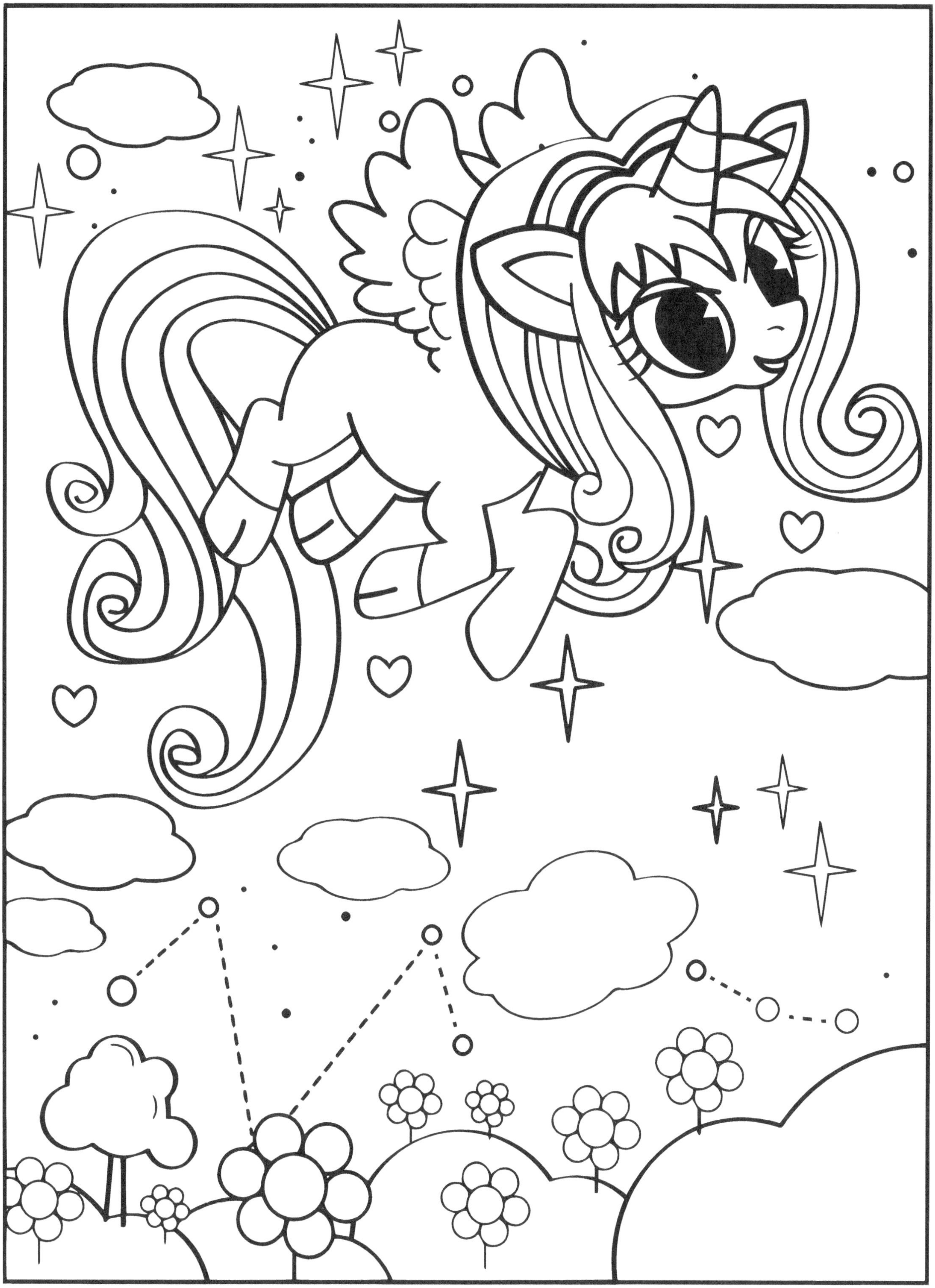

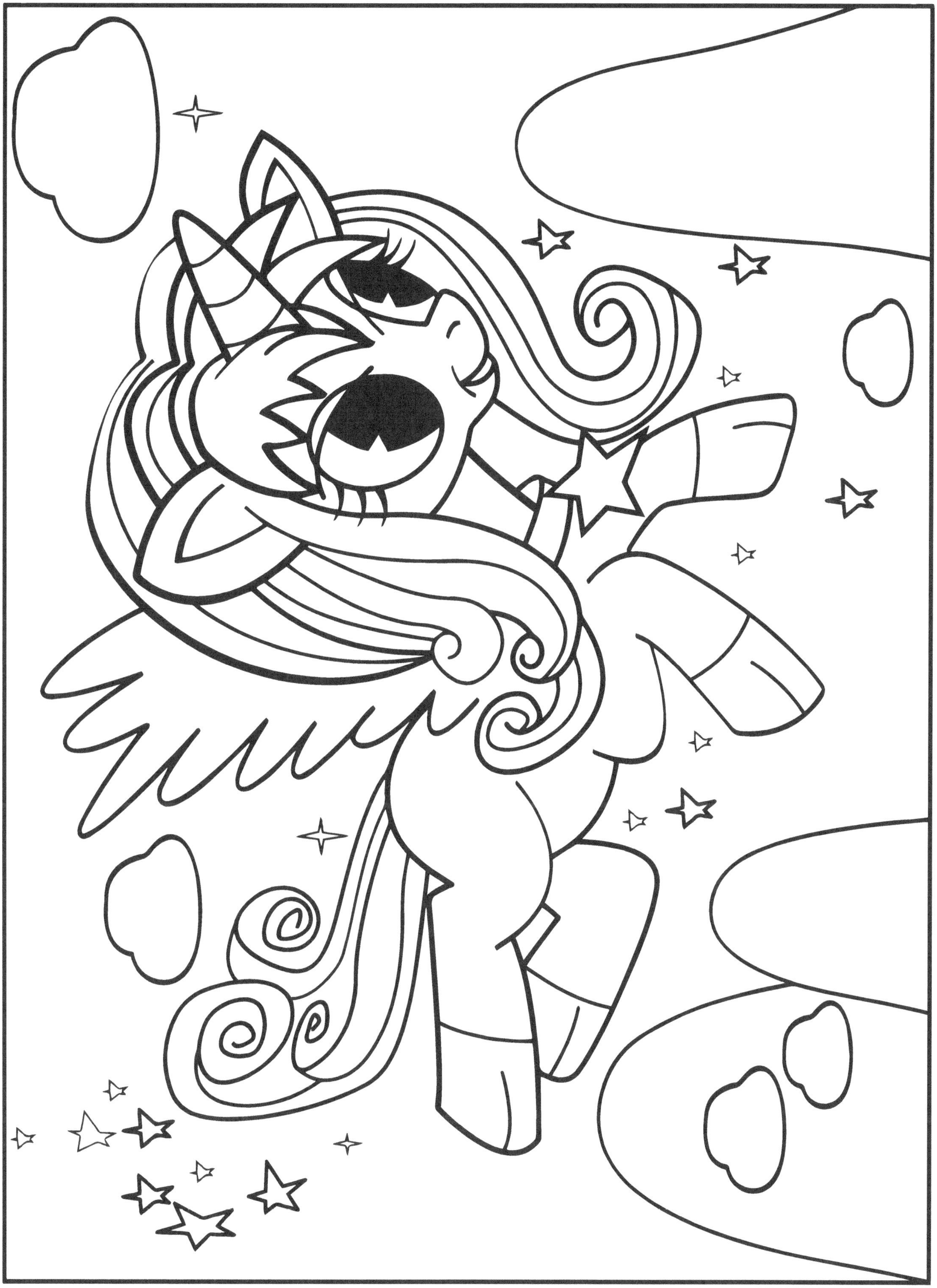

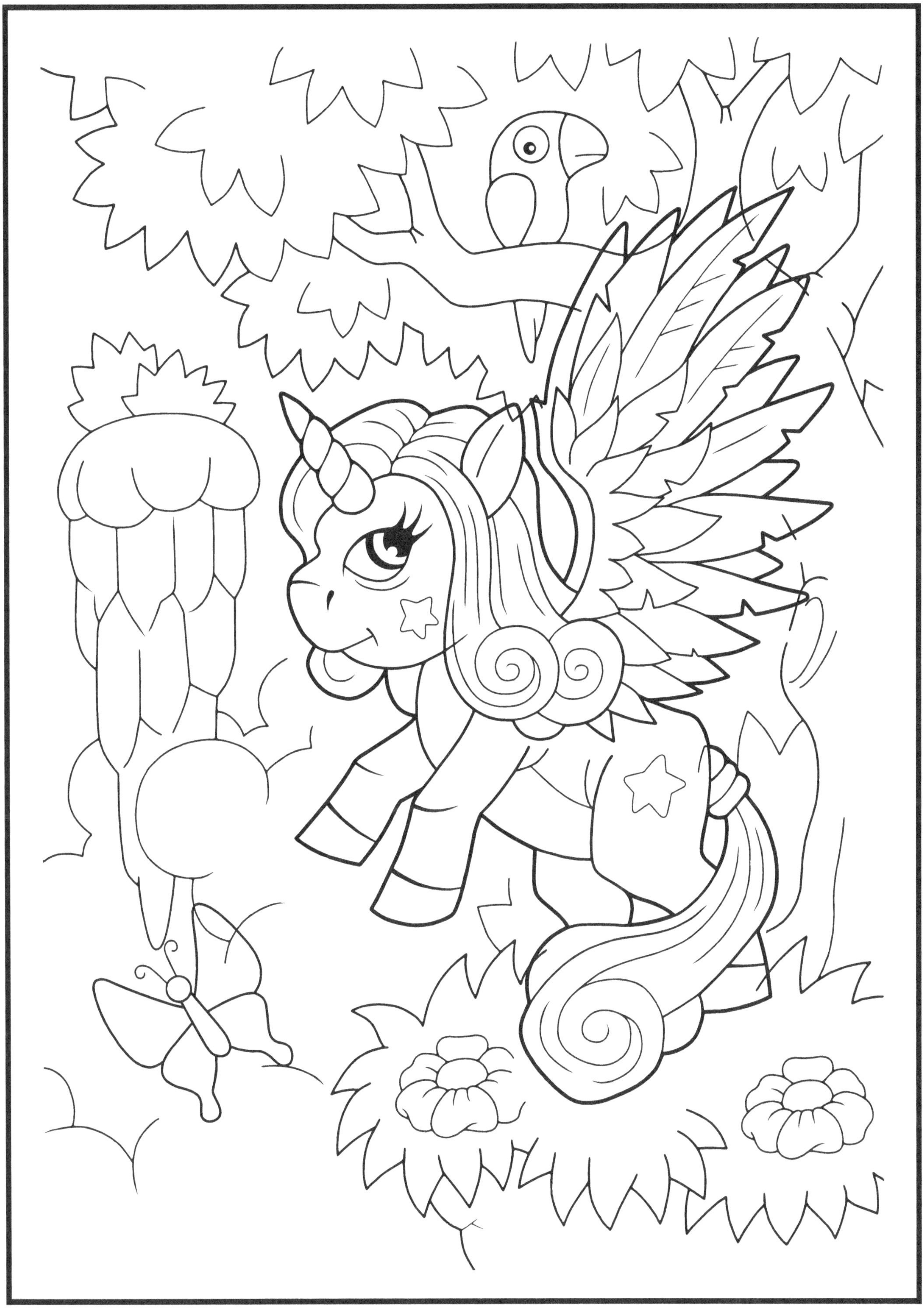

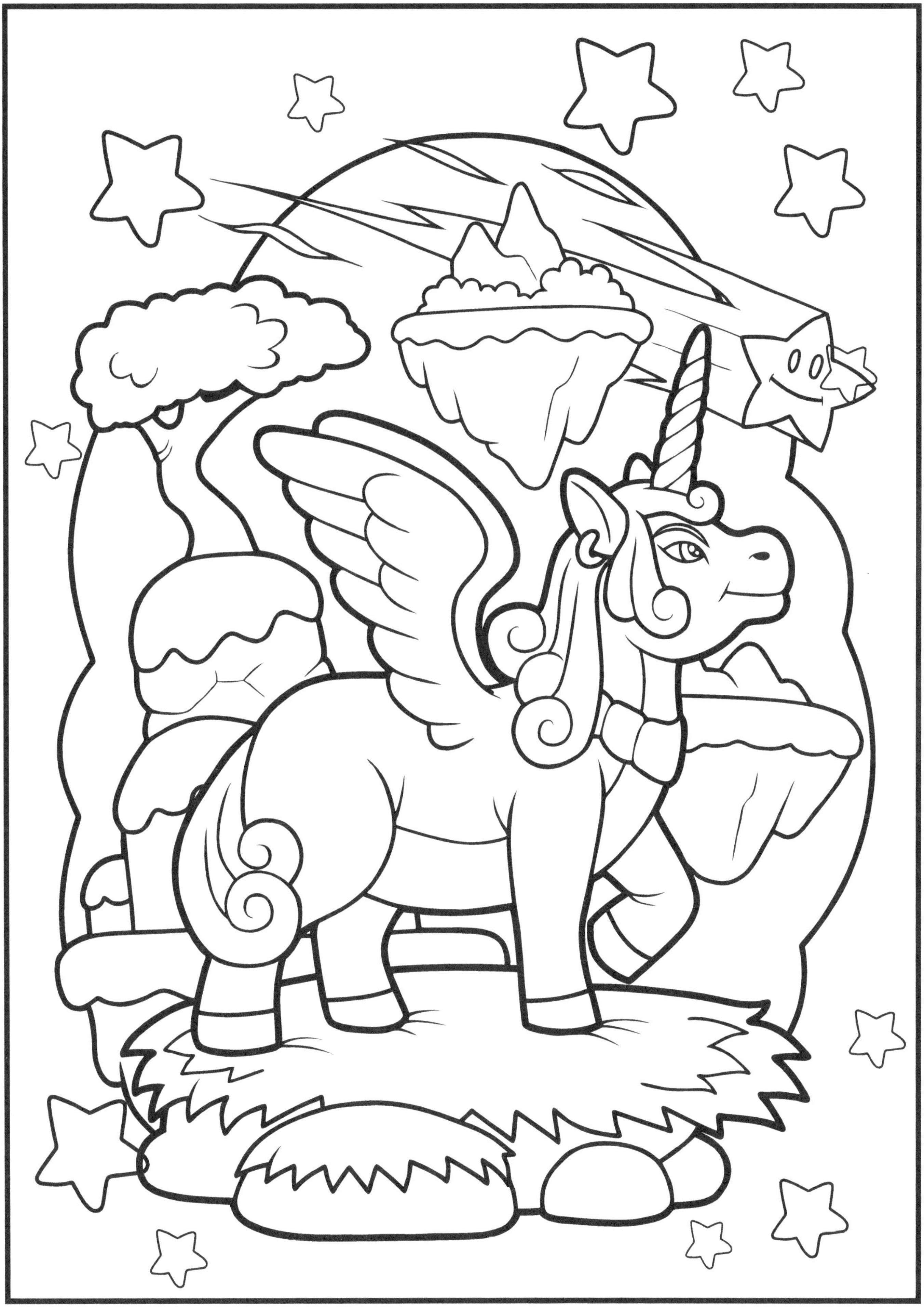

www.ingramcontent.com/pod-product-compliance
Lightning Source LLC
Chambersburg PA
CBHW080931220526
45465CB00008BA/3018
*9798594015739*